林ふきこ

ミセス、還暦のひとり旅

はじめてのパリ八日間

Mrs. KANREKI no hitori tabi

文芸社

ミセス還暦のひとり旅　はじめてのパリ八日間　目次

第一章　はじめまして、私の「物語の都」

1

野ウサギが跳ねているというシャルル・ド・ゴール空港に機体は降りてゆく。午後四時五十分、定刻通りの到着。飛行機の小窓に雨の滴《しずく》が斜めに線を引いている。外はもう暗くなっていて、誘導灯が青や赤に輝いているのが見えるだけ。ウサギを見つけるどころではない。

できたての新しいサテライトF2に送り出されて、税関も入国審査も支障なく通過する。エトワール行きのリムジンバスが出ている乗り場を教えてもらうために案内所へ直行する。あたりまえだが、フランス語だという事実に直面し、もう困ってしまった。仕方なく日本語で尋ねると、意外や、単語のひろい聞きか案内係の勘なのか、「二番だ」と指を二本立ててから外を示してくれた。

「二番、二番……」とつぶやきながら外に出た。スーツケースをゴロゴロと引っ張りながら、バス乗り場の番号を順に確かめていくと終わりまで行ってしまった。どこが二番なのかわからない。

寒くなった。機内のアナウンスによれば、外の気温は四度だという。いったん空港内に戻ると、ツアー客たちがそれぞれ迎えの大型バスに乗り込んでどこかに出てゆくところだった。ターンテーブルでは荷物が二個ぐるぐる回っているだけ。人影がめっきり少なくなった。

日本を出発する前、「空港からはタクシーに乗るのが安全」とフランス観光局の人に聞いてはいたが、料金が違いすぎるのでエトワールまで運行しているリムジンバスにしようと決めたのだ。

もう一度やり直そうと、最初と同じドアから外に出ると、なんと目の前に二番乗り場があるではないか。先頭に日本人の親子らしい人が立っている。聞くと、私が乗ってきた飛行機のスチュワーデスさんとそのお母様だという。すがりつく思いで同行させてもらうことにした。

六十フランの乗車券を買い、スーツケースをバスの横腹に入れてもらうと、すぐに発車した。乗客は、日本人親子と私、そして運転手と親しそうに話していたフランス人男性の四人である。

雨は上がった。暗くなった道路にテールランプがつながっている。だらだらと広がる丘陵を通るこの道路は、ほのかに明るい遠くの空に向かってうねうねと続いている。周りは暗く、畑が広がっていることくらいしかわからない。時々、はるか遠くに赤い屋根と白壁の小さな納屋のような建物が見えるだけで、沿道には目ぼしいものはほとんど何もない。

リムジンバスに乗り込んでホッとすると、この三ヵ月のどたばたを思い起こした。

2

一九九九年八月の早朝、仕事に行く道の街路樹の木洩れ日を見たとき、ふいに頭の中で夢想した。

「ああ、どこか外国に行きたいな。できればパリに……」

十月に還暦を迎えるのを機に、幼い頃からの憧れの街だったパリに行こうと思い立ったのだ。

満足な玩具など何もなかった戦中・戦後は、姉の絵本『金の船』や『ピノキオ』などの挿絵を繰り返し眺めて楽しんだ。誕生日に母が買ってくれた本は、ザラ紙の粗末な造りだったが、大切な宝物だった。

小学生になると、『ピーターパン』『鉄仮面』『ああ無情』『三銃士』などに夢中になり、『小公女』『少女ネル』『若草物語』『赤毛のアン』など、少年少女向けの外国の物語はひと通り読み終えた。小学五年からは世界文学全集に手を出し、よくわからないまま活字を追った。国語の先生と本を取り替えてむさぼり読んだ。乱読だったが満足だった（そのためにひどい近眼になり、今も老眼鏡を使ったことがない）。

王女様のドレス、見たことも味わったこともないお菓子、中世のお城の庭園に咲くバラ……そして何よりヒーローやヒロインは必ずといってよいほどパリの街にかかわっていた。エドモンド・ダンテスの優雅、ジャン・バルジャンの隠れ家、ジュリアン・ソレルの野望、レベッカのサロンも、パリの石畳や石造りの邸宅、荘厳な大聖堂なくしては成り立たない。

戦後の厳しい生活は、幼な心に現実からの逃避願望を芽生えさせ、夢を追っていたのだろう。誰もが気軽に世界へ旅立ち、パリなんてほんの通過点にすぎなくなってしまった現代だが、私にとっては幼い頃からの「物語の都」なのだ。物語の主人公たちが歩いた石畳を歩きたい、同じ空気に触れたい、と憧れ続けた街なのだ。

ただ、私は好奇心が強くて我儘なので、ツアーなどの団体旅行には向かない。歳とともに自由に行動したいという思いは強くなるし、ひとり旅にかぎる。「時間と費用と体力が揃ってから出かけましょう」などと構えていたら、一生行けない家庭状況だから、条件が欠けていようが、まず「その気」が一番の協力者となる。

その気とともに必要なのは「先立つもの」だ。

百円ショップで、缶切りでないと開けられない貯金箱を買ってきた。五百円玉が手元に入ると、目をつむって缶に入れた。だから家計簿には「ニンジン一本　二百五十円」「パン一斤　五百円」などとあらぬ数字が記入され、自分だけの家計簿であることをよいことにせっせと貯める。親姉妹からの還暦のお祝いはすべて現金にしてもらった。

安くあげるために格安航空券の購入を考え、二、三の旅行会社の情報をこまめに調べると、クリスマスの時期以外の三月まではどこも安くなるが、行った先でこごえるのもこの歳ではつらいので、誕生日前後の時期を狙いにする。十月十九日に一段と安くなるという情報を入手し、その中で千円でも安い航空券を手に入れるべく待機し、航空券の発売になる日、旅行会社に出向いて仮予約をした。

ついでにホテルも予約してもらおうと二千五百円の手数料を支払って頼んだが、「希望のホテルは協定に入っていないから予約できません」。自分でやるしかない。英語もフランス語もできないのに、申し込みのファクスはどうやって送ればいいの？

二ツ星の安宿でよいが、どうしても五区か六区のカルチェ・ラタンにしたい。観光案内や旅行ガイドブックを次々に調べ、四百フランくらいの宿を表にしてみた。知人の友人を紹介してもらって希望の宿と値段を伝える。その方がパリにファクスを送っていろいろ調べて下さる。どうやら「パリコレクション」の影響で混んでいるらしい。一足遅れで希望の宿がとれなかった。

海外に住む長男から電話があった。糖尿病をかかえる還暦の私がひとりでパリに行くことが心配らしく、カード使用で高級ホテルを予約してくれるという。とんでもない。気持ちはうれしかったけれど、それでは面白味がない。提案をご免して彼の諸注意を拝聴するのにとどめた。

結局、知り合いのツーリストを紹介してもらい、予算の範囲でホテルを捜してもらい六泊の予約をした。心ならずも三ツ星になった。

ウォーキングシューズとしてつま先の広いドイツ製の軽いものを購入。念のためユースホステルの会員になった。腹巻き型のシークレットベルトも買った。

出発の二日前、銀行に両替に行ったら、「一、二日かかります」ということで、吉祥寺の両替所に行くと、前に並んでいた人が前日パリから帰ったばかりだという。「現地のレートのよいところで両替したほうがいいですよ」と教わったので、到着時の乗り物代、チップ代として二万円だけ両替する。ついでに新宿駅に行き、成田エクスプレスの指定券も買う。

友人より電話があった。つい先日、娘さんの留学先だったイギリス旅行から帰ったという。あの飛行機嫌いの彼女がよくまあ長時間がんばったものだと感心し、私もがぜん「その気」が高まった。

主治医のK先生に五ヵ国語で「私は糖尿病です」と書いた赤いカードを作ってもらい、現在のデータなどを記入してもらう。

横十センチ、縦五センチの白い紙にホテルの住所を書いたものを五枚用意する。風呂用の小型ナイロンタオルも入れる。着替えはあまり持たず、厚手の長いストッキングを用意。石の街だから冷えるだろうと……。


出発の朝は四時に起床して、前夜までに支度しておいたスーツケースをもう一度点検し、娘の運転する車で家を出た。途中のコンビニでおにぎりやサンドイッチを買って車中で朝ごはん。インスリンの都合があるので勝手に食べられないから。

新宿駅南口まで送ってもらうが、改札で成田エクスプレスの切符をもたもた捜している私を、不安そうな顔でじっと見ている。やはり心配するのが当然だろうな、と思う。でも私だって娘のことが心配なのだ。一日おきに透析のために通院しているのだから……。

ホームで緑茶のパックを三個買う。やたら日本茶にこだわる気持ちになっている。いつもこのホームで大きなスーツケースを持った旅支度の人を見て、「いいなあ、どんな用事で飛んでゆくんだろう、どこに行くのかしら」と憧れいっぱいの気持ちで見ていた。その当事者なのに、頭の中の半分は真っ白になって、忘れものはないかとやたらと浮ついている。電車に乗ってからも、スーツケースにお茶のパックを加えたり、タオルを出したり、何をやっているんだか、すっかり落ちつかない。

成田空港では誘導標通りに慎重に行動する。無駄に体力を使いたくないから。それでも個人乗客と団体乗客の受付を二往復して長い行列の後についた。インスリンの件を相談する。

早めに着いたので新しくオープンしたサテライトを見物したり、展望台で朝日にきらめく機体が空に向かうのを見ていると、「いいなあ、ニューヨークにも行ってみたいし、アフリカもいいなあ」と考えている。行きたいところがたくさんあって、宝くじでも当たったら全部旅に使ってしまおう。

午後十二時十五分、私の乗った飛行機が飛び立った。展望台でこちらを見ている人がいる……。

窓側には若い二人連れで、私は通路側。何かと所用で立つときのことを考えて選んだ。夕食の三十分前には、インスリンをギャレーのカーテンを引いて打たせてもらう。日本人のスチュワーデスさんに相談しておいた。

食事に使ったカトラリーは白にブルーのライン入りで美しいのでそっといただく。左側の二人も、斜め前のおばさんもナフキンに包んで収納していた。ごめんなさい。

窓の外は重い雲に覆われて何も見えないので、ひたすら眠った。用意した本なぞ読んでいられず、もしかしたらいびきをかいたかも知れない。フランス語のあいさつぐらいは復習するつもりだったのに、四つ五つしか憶えられなかった。

さて、何が起こるやら。無事に帰って来られるか。なるようになるさ、人間に変わりはあるまい。パリの雰囲気を味わって楽しもう。

3

リムジンバスの左手のかなたに白くサクレ・クール寺院が見えてきた。五十分ほどで、混雑するポルト・マイヨー駅に到着した。スチュワーデスさん親子が下車。私もつられて降りてしまう。このままエトワールまで行ってもホテルの場所がわからないから、短距離ならタクシーで行くつもりになった。

賑やかなポルトマイヨーのロータリーで、スチュワーデスさんにワゴンタクシーに乗せてもらった。どうやらここはタクシーも溜っていて客をひろうところらしく、すぐかけつけた。例のホテルの住所と名前を書いた紙を渡す。運転手は知っているというのでひと安心する。スチュワーデスさんに丁重にお礼をいって出発する。リムジンバスの後をついて行くことになった。

やがて目の前に凱旋門が白く現れた。「わあ、ほんものだ」と胸の内で拍手。このロータリーの中心部には人も車も入れなくて、ぐるりと半周してやがて細い路地を上っていく。せまい石畳の両側に十五センチほどの車間をとって中小型の車がびっしり並んでいる。まずこれに驚いた。出るとき、どう運転するのか。見てみたいものだ。

きょろきょろと先方両側をなめるようにホテルを捜す。心配することもなく道路工事をしている先に、ホテルの看板とガラス窓のフロントが見えた。六時三十分、やっと着いた……。

運転手にメーターの料金、荷物料金、そしてチップを渡したのだが、暗いのでコインを見分けにくいのと早く降りたいのとで、二十フランのチップを渡してしまった。どうりでにっこり「メルシー」と言って、しかし荷物をおろすでもなく行ってしまった。もうやられたらしいが、なんでもいいから早くホテルに入りたかった。

フロントには浅黒い、精悍な顔立ちの男性がいて、珍しそうにこっちを見ている。ならばスーツケースぐらい運んでもよさそうなものなのに。ボーイさんは見当たらない。しばらく待って、ようやく肌の浅黒い青年が荷を運んでくれた。

「ボンソワール、ジャポンの……」にはじまったが、あいさつが噛み合わない。何を言っているのかわからない。ルームキーを渡されながら、「朝食は七時からダイニングで召し上がれます」と言われたのはわかった。フランス語かと思ったら英語だった。向こうも私もひどいなまりだ。

フロントを通り抜けて中庭を歩いて、一階の八帖ほどの部屋に入った。大きなダブルベッド、テレビ、机、椅子、大きなクローゼット。タイル張りのオレンジ色のバスルームはわりに広く、塗り立てのにおいがする。「今日から六泊します。よろしく」と部屋にあいさつする。

機内食がまだ消化されていないので食事のことは考えられない。スーツケースをパカッと開いて、部屋着と洗面道具だけひっぱり出す。湯船に熱い湯をはり、小物の洗濯をすませて、ゆっくり身体を温めた。石鹸は使用せず。

八時十五分、カバーを剥いで、這うようにベッドによじ上る。もう足先から眠っている。意識を失ったように眠りに入った……と思う。

第二章　枯葉のマロニエ、セーヌ河

1

翌朝、といっても午前一時十五分に目が覚めた。かすかに雨だれの音がする。ベッドの中で腹這いになっていたら、うとうとと半睡。ベッドカバーのにおいが自宅のものと違うのが気になって、五時に起き出す。ぐっすり眠ったと思う。爽快な気分。

フランス窓のカーテンを引くと外は暗く、小雨で肌寒そう。しばらくボーッと外を見ていた。「確かに私は今朝パリで目覚めたのよ」と言いきかせるように。

スーツケースを開けて整理する。現金を仕分けして腹巻きに収める。今日の行動予定を確かめる。スーツケースにはきっちり施錠する。洗面用具だけはバスルームにセットしたが、よけいなものは室内に置かない。

七時五十分に部屋を出てダイニングルームに行くと、さっそく「ボンジュール」と声がかかる。アフリカ系のメイドさんがにっこり笑顔を向けてくれた。サラリーマン風の青年二人、金髪を無造作に束ねたマドモアゼル（若い女性）と連れのアメリカ人観光客四人。飲みものの注文はもちろんカフェオレ。生オレンジジュースが大ぶりのグラスに入っている。フランス人の青年が「ショコラショー」と注文している。めずらしい。さすがここはフランスね、と改めて感心する。

しかし、いくら待てどもカフェオレとオレンジジュース以外は何も出てこないので、とうとう厨房の入口まで出張して、「クロワッサンをください」と言った。何やら仲間とつまみ食いをしていたメイドさんが目をパチクリさせ、指さすほうを見たら、セルフサービスだった。

入口のわきに飲みものやパンなどが山盛りにセットしてある。さっきから外国人（？）の中に入ってめずらしがっていたので全く目に入らなかった。最初から恥ずかしい……。

パン・オ・レザン、バゲット、ショーソン・オ・ポム、クロワッサン、パン・

オ・ショコラ。どれにしようか、手がうろうろする。で、クロワッサンを一個。他に小びん入りのママレード・フランボワーズのジャム。銀の保温器にスクランブルエッグ、ソーセージ、ベーコン。ピッチャーにたっぷり入ったミルク、グレープフルーツジュース、甘いソースのかかったカットバナナ、びんに入ったヨーグルト、缶詰らしい桃、バター、チーズ数種。観光客向けの品揃えのようだ。

パンはテーブルクロスに直置き。観光客は皿にとっている。マドモアゼルはカフェオレとクロワッサン一個。パンくずをクロスにいっぱいこぼして指でチョイチョイとまとめながら熱心に話している。

ちょっと塩気の強い、チリチリに焦げた厚切りベーコン、濃厚なミルク、冷たいヨーグルト。ああ、カロリーオーバー！　主治医のK先生、ごめんなさい。

食後、部屋に戻って予定を確認した。八時三十分、ホテルの外はほんのり明るくなった。雨は止んでいたが風が出てきた。水たまりにさざ波がふるえている。

お腹いっぱいになり、なにしろ初日なので足取りは軽い。車がびっしりと停まっている路地の端っこを歩く。噂に聞いた清掃車が作業している。清掃車の左右についた大きなブラシが勢いよく回転し、あたりは水びたしになっている。青い作業服を着た五、六人の浅黒い顔をした人たちがごみの缶を片づけていく。歩道と車道の段差のそばに幅五十センチ、高さ十五センチぐらいの排水口があり、水はそこに流れこんでゆく。そこら中に大きなホースがうねってのびている。水びたしの石畳をぴょんぴょんと避けながら通る。私の下ってきた小路は凱旋門をはさんで地下鉄の駅の反対側なので、地下鉄に乗る勇気のない私はシャンゼリゼを東に歩き出した。

まだ明けきらない通りをもう人が行き来している。顎を三センチ上げて眉間にしわを寄せ、鼻で風切っていく美女。コートの裾をはねて格好いい！　重ね着をした浅黒い肌の女性が大きな荷物を両手に下げてうつむいていく。パリ市観光案内所はまだ閉まっているけれど、二、三人の日本人の青年が座って貧乏ゆすりしている。シャンゼリゼ大通りは、道の両側に二〇〇〇年に向けて各国参加オブジェの芸術作品の設置をはじめている。クリスマスに向けて花壇の手入れも進んでいる。シャンゼリゼといっても店はシャッターが下りたままだし、オープンカフェなんて出ていない。地下鉄五駅分を、まるで地元の労働者のようにすたすた歩く。ようやく青空の見えはじめたほうにひたすら進む。

コンコルド広場に到着。この広場の真ん中を横切るのにボタンを押す信号もあってえらく時間がかかる。広場沿いにぐるりと半周すればもっと遠い。渡り切ると左手奥にマドレーヌ寺院が見える。

チュイルリー公園沿いにリヴォリ通りを行く。九時三十分をすぎたので明日の観光バスの予約に行く。何事か不測の事態が起こって予定を切り上げて帰国なんてことがあるかも知れないので、要所だけ押さえておくつもり。自分で歩くための下見も兼ねて。申込所はほとんど日本人。まだ一日目なのになんだか久し振りの日本語のような気がする。二百六十フランを支払って一安心。

ルーブル美術館へ急ぐ。中庭のガラスのピラミッドから入場すると長蛇の列なので、リヴォリ通りの赤いテントの入口から下りる。次の人が入りやすいようにドアを押さえて開けたままにしておくという噂の通りのことが、ごく自然に実行されている。私も同じことをされて、はじめて「メルシー」と言う。日本で想像していたときはキザで赤面するんじゃないかと思っていたが、まことに自然なのだ。なんだかとてもうれしくなった。

入口で荷物のチェックを受け、チケット売り場へ。四十五フラン。すぐ買うことができた。インフォメーションで日本語の案内図をもらう。まず左の「リシュリー翼」を見てまわる。深緑色のクッキーモンスターを見つけて笑う。昔の人はこの造形で何を表現したかったのだろう。目の贅沢！　すばらしい技術にうっとり。

「シュリー翼」に移る頃に十二時になった。どこのカフェテラスも人でいっぱいだ。入口近くの売店でサンドイッチとミネラルウォーターを買って、オープンスペースの椅子をひとつ確保して昼食にする。世界中の人種があふれているさまを見ていたら、学者風の老夫婦から日本語で話しかけられた。東京に行ったことがあるとフランス語と日本語をまぜて話す。バゲットをちぎりながらゆっくり口に運んで、私が分けたミネラルウォーターを飲んで下さった。奥さんは何も言わずニコニコして、やはりバゲットを食べている。品のよい静かな二人だった。

先に失礼してシュリー翼の目玉「アフロディテ」に会う。やぁやぁという気持ち。日本で展覧会が開かれたときは、あまりの人出に恐れおののいて、お目にかからなかったのだ。彼女の周りをぐるぐる回って、じっくり見学させてもらう。小学生が十五、六人説明を聞いている。幸せなことよ。

「ドノン翼」はサモトラケのニケ。私の好きな像で、いつもは「美しの森」でお目にかかるしかない。ギリシャ彫刻、ローマ時代に復元されたもので、美しい生命力にあふれている。中二階正面にあるのでいつも人だかりができているが、何度もニケに戻って堪能する。

モナリザは二重のケースに入っている。アメリカ人が入れ替わり立ち替わり群がっている。不思議にアメリカ人ばかりが目立つ。指をVにして写真を撮るのは日本人だけの特徴ではないらしい。にぎやかなこと。すきを見てこれもじっと見入った。

古代エジプトやオリエントのコレクションは、ちょうど世界史を教わっている学生に見学させたらどんなに有意義だろうかと思う。教科書の写真でなく、この実物を見てもらいたいものだ。

マルリーの中庭でもう一度、勇ましくて可愛い馬やライオンに会って出る。

2

チュイルリー公園を通ってオランジュリー美術館へ。改装中で閉館しているかも……。学生らしい若者が入口にたむろしているので行ってみると、「睡蓮」の二部屋だけ公開しているらしい。ラッキー！

ルーブル美術館のイメージを払拭して、頭を切り替える。白い部屋に入ると、なるほど大作である。大きな作品なのだ。ゆるやかに湾曲した淡い睡蓮の夢みるような広がり。モネの到達した最後の力作である。

壁に直に描かれており、端っこは絵具がはみ出して額縁からこぼれている。心がおだやかに落ちついていて、ルーブルの疲れを癒してくれるかのようだ。いつまでも見つめていたい。

三時になった。近くのコンコルド橋を渡る。昔はこのセーヌ河の水を飲み、貧しい青年は着っぱなしのシャツを洗濯したという。橋の中ほどで立ち止まってセーヌの流れをのぞいてみると、バトームーシュが通りすぎるところだった。風が冷たいのに船にはたくさんの人が乗っていた。

左岸に渡って見当をつけてオルセー美術館を捜す。石畳と石の壁が続く。日本の紙と木の文化との違いを感じる。近いはずなのにブルボン宮（国民議会）に三色旗がひるがえり、国家警備員がそここに立っている。格好よくてハンサムばかりに見える。白い肌に短く刈り上げた襟足が少年のようだ。かっわいい！

思わず近づいて、「エキスキュゼ　モア」と声をかける。私のガイドブックをのぞき込んで掌を返して、フランス語（あたりまえだが）で何か言っているけど、なんにもわからない。「ウィ　ウィ　メルシー」と言って引き上げる。

どうも同じところをぐるぐるまわっている感じがする。ひょいと角を曲がったら、さっきの警備員の背中が見えたので急いで引き返して早足になってしまった。次にスーツ姿の青年に尋ねたら、やっぱりモゴモゴのフランス語で目をのぞきこんで説明してくれるのだが、よもやわからんとも言えない。また逃げ出す。振り返ってニカッと笑ったら、心配そうに「わかってるのかな？」という目があった。

ようやく見つけた。コンコルド橋を渡ってすぐ道なりに左に行けばよかったのだ。「オルセーさん、ここにいたの」という感じ。遅くなってしまったので急いで入館。四十フラン。学生らしき若い人が多い一階は教会やパリ市街模型、オペラ座設計図、ファサードのデザイン画。そこそこにしてエスカレーターで最上階へ直行すると、目もくらむ宝庫である。この中の一点でも日本で展示すれば長蛇の列と高い入場料、立ち止まってよく見ることもできないだろう。しかし何点か貸し出してもなお、こんなに名作がたくさんあればどれが抜けたかわかるまい。

胸がドキドキして目はうろうろ。一点ごとに感激しながら見てゆく。贅沢なことである。これでいいのかしら、これほんとうなの、と思わず両手を握りしめて展示された名画にうっとりとする。間接に外光を入れ、白壁に反射させてぼんやりやさしく明るさを出しているので、作品の傷みも少ないだろう。

ルーブルが文明発祥からの学術的な収集展示なのに対して、オルセーは近代印象派の絵画が集められている。日本人には親しみやすく頭の整理がしやすい。ルーブルの続きとしてやはり見るべきだろうと思う。

一階に下り、新作のフロアに出た。が、頭の中は過密状態。これはもう何度も来なければ、この〝大御馳走〟は消化しきれない。ぎりぎり閉館までねばって、土産用にトイレットペーパーを収集した。

火照ったほほに冷たい風が心地良い。陽が傾いて閉館になったオルセー美術館の影が濃くなってゆく。近くの歩行者専用ソルフェリーノ橋は建設中。できあがったら一番新しい橋になる。

コンコルド橋まで戻る。セーヌ河を越えて川沿いに右岸を歩く。名画の余韻が頭の中を駆けめぐるのを楽しみながら、マロニエの枯葉を踏んでいく。また小雨が落ちてきた。よく見て歩かないと枯葉と同じ色の犬の○○が、重なってやわらかな葉の中にあるのだ。セーヌの流れを左に見ながら（足元にも用心して）、思わず「枯葉よ〜」と唄ってしまう。

ああ、私は憧れのパリで目と心に美しいものをたくさん焼きつけて、マロニエの枯葉を踏んで、セーヌのほとりを歩いているんだわ！　夢で見た通りなのよね。

あいにくの小雨になったけれど、身体中が幸せでいっぱい。両肩を上げて息を吸ってから一気に枯葉と雨のにおいを吐く。「希《ねが》えばいつかは叶うものなんだ」。夢の中では、隣にダークブラウンのツィードジャケット、白いセーターの彼が、あったかい大きな掌で私の手を包んでくれているはずだった。でもどうしても顔のあたりがぼやけてはっきり見えてこない。やはり夢だったのね。いつでも現れたり消えたりする便利な彼がいたらいいのに。

ふと気づくと、シャンゼリゼ通りに出るはずのクレマンソー広場はとっくに通りすぎてアルマ橋まで来てしまった。橋のたもとには、今着いたばかりの観光船のデッキから、小雨にぬれた若い人がドッと上がってきた。キャーキャー大さわぎで、そのまま地下鉄の入口にかけ込んでゆく。この年頃はどこでも同じだな、と思う。

左のほうに頭を半分雲にかくしたエッフェル塔が見える。雨足が強くなった。風流なことを言っていられなくなったので、仔犬の散歩をしているハンチングのおじさんにエトワールに行きたいと地図を見てもらう。十分で着くらしい。

少し上り坂になって絵のような瀟洒なアパルトマンが並んでいる。駐車している車は中型以上。植え込みがあり、窓には赤い花鉢、レースのカーテン、暖かな灯がともっている。両側の住宅に見とれながら、ぬれた石畳をゆっくり歩く。郵便配達員に会ったので、二股の道のどっちが近いか尋ねると親切に教えてくれた。もう一人中年の御婦人にも尋ね、ようやくホテル近くの大通りに出られた。足元から冷えてきた。早く帰りたい。

坂道の途中にある惣菜屋でニシソワーズサラダを一パック買ったら、店員の若いマドモアゼルがバゲットを十センチぐらいと、プラスチックのナイフ、フォークをナフキンに包んでくれた。うれしくなって「メルシー」とにっこりほほ笑む。

次のスーパーマーケットでは、オレンジとリンゴを手にレジに並んだら、黒い肌の会計のお姉さんがそれを持って売り場へ行った。何事かと思ったら、そこにある秤にかけ、自動的に出てくるシールを張っている。あら、そうなんだ……ひとつ勉強した。夕方の混んできたレジで、後ろに並んでいる人たちに思わず日本語で、「どうもすみません」と頭を下げたら、うなずいてくれてきつい顔をした人はいなかった。

ホテルのフロントでキーを受け取ったら、ゆうべのボーイがにっこり笑い、白い歯が見えた。

我が家に帰ってきた思いで、すぐバスに熱い湯をはり、湯の中でさすがに疲れた足をていねいにもみほぐした。初日からこれでどうする。明日はどうなる？

美術館の宝ものや、先ほど目にした家並を思い返しながらゆっくり温まる。すると明日が楽しみでわくわくしてきた。

さっぱりして夕食。新宿のお茶パック、バゲット、ニシソワーズサラダ、オレンジ。

暗い窓の外は雨。ゆっくり両側に開くと湿った雨のにおいが流れこんできた。雨だれがキラキラ光って落ちてくる。通りの向こうのフランス窓にぼんやり灯がにじんでいる。目を閉じて胸一杯に外気を吸い込む。

ああ、パリにいるのね！　本の中じゃなくって、現実よ！

確認のため目をあけて掌に雨粒を受けてみた。幸せ……。

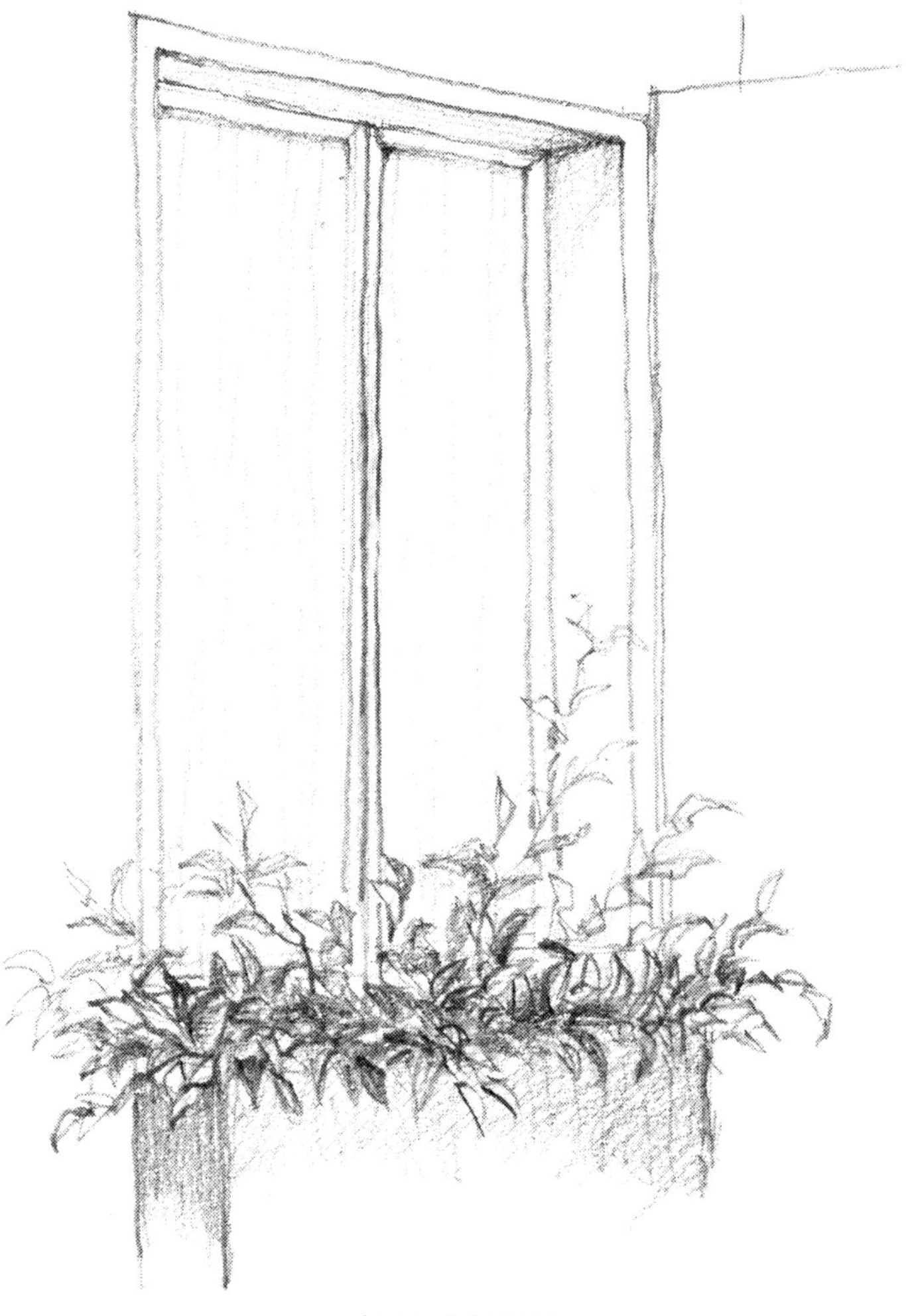
ホテル北側の窓

九時十五分に寝る。バタンキュウとはこのこと。

第三章　サン・ルイ島のマロンアイスクリーム

1

六時起床。夜中にも目は覚めなかった。

窓を押し開けて空もようを確かめる。暗いけれど、空の高いところで青空を約束しているみたい……と勝手に思う。

七時十分、きのうより早くダイニングに行く。もう勝手がわかっているから、たくさん皿に盛ってくる。濃いミルクが美味しい。従ってカフェオレもコクがあって飲みごたえあり。カマンベールチーズも熟しぐあいがちょうどよく、癖のある味が後をひく。

食事が終わってそのまま七時三十分に出かける。観光バスの出るリヴォリのバス営業所への集合は八時四十五分だ。まだ夜の明けきらない寒いシャンゼリゼを、きのうのように勤め人のような顔をして歩く。一枚の枯葉もなく石畳が続いている。

四十分でコンコルド広場に着いた。信号なんか一度もボタンを押さずに駆け抜けた。日本の観光客ばかり二十名ほどが乗り込んで、フランス在住の案内係がついた。運転手は目の青い年配のおじさん。グレーのセーターが粋でおだやかそうな人だ。ヴァンドーム広場からコンコルド広場、凱旋門、トロカデロ広場を経てエッフェル塔で下車。

さびた鉄の積木。やはり遠くから見たほうがいい。間近に迫る二〇〇〇年までの残り日数が電光表示されている。ガイドさんにシャッターを押してもらった。ひとり旅は写真が困ることのひとつだが、実は撮られるのはあまり好きではない。

バスティーユ、オペラ通り、ノートルダム寺院で下車。世界中の観光客が詰めかけていて荘厳な雰囲気は表からは感じられない。丸窓（ばら窓）はさすがに圧巻だった。近くの土産物屋でステンドグラスの絵ハガキを十枚買う。百五十七フラン。リュクサンブール公園も周りをぐるりと通っただけ。昼には出発地へ帰りついた。ほんとうにつまみ食い観光なので私の目的には適った。

例によって土産物屋に送り込まれたが何も買わず、両替だけしてもらう。一万円が五百五十フランに。割のいいレートだと思う。急いで店を出てオペラ通りを下り、コメディフランセーズ、ロワイヤル広場を経てポン・ヌフを左岸へ渡る。早く昼ごはんにしないと低血糖になりそうで怖い。サンミッシェル方向へ急ぐ。「エキスキュゼ　モア」を連発して、あの道この道とさまようこと一時間、ようやく「ドーグレ・ド・ノートルダム」という食堂を捜しあてた。

小さな三角形の庭にテーブルと椅子が三セットある。風にそよぐ木々の下でアメリカ人らしいグループがおしゃべりに余念がない。なんと半袖のTシャツ姿なのでさすがに驚く。ガラス扉の中からおじさんが「おいでおいで」をしている。外の席に料理を運んできたほほの赤いおばさんに店の名を確かめたら、「ウィウィ」と手をとらんばかりに招き入れられた。

店内は、内装の木がつやつやと磨かれて飴色になって古い柱や腰板に貫禄がある。二十席でいっぱいの広さだ。家族連れ、若い女性の三人組、ひとりの老婦人、込み入った話をしているスーツの男性二人、昼どきなので混んでいる。

「ムニュ」と一言、もちろん単語をひろうのが精一杯で何がなんだかわからないので見当つけてランチセットらしきところに指をさした。おばさんが改めてのぞき込むようにゆっくり説明してくれたところでは、ランチは二種類でクスクスと自家製ソーセージがメインディッシュらしい。クスクスはもたれそうなので野菜添えのソーセージにした。

アントレショード、温かいカリフラワー、ブロッコリー、ニンジン、セロリ、カブを大ぶりに切った盛り合わせに、マヨネーズソースがかかっている。野菜がすんなり口に入ってきて、とてもやさしい一皿。バゲットとバターがくる。テーブルに直にパンを置いてフランス人の雰囲気。

ばれいしょの乱切り、リンゴのバターソテーの付け合わせ、熱いソーセージがはじけんばかりにパリパリしている。ばれいしょのなんと美味しいこと。日本では口にしたことがない甘みとやさしい舌触り、香りさえする。他人が見たらあきれるだろうと思われるくらい次々に口に入れる。プリプリのソーセージにナイフを入れると、はじけるような切り口からハーブの香りがふわっと立ちのぼり、粒マスタードをつけながらハグハグと小さな目をむいて食べる。

K先生、ごめんなさい！

主治医の先生に心の中で手を合わせる。でもフォークは止められない。

デザートはサラダ・ド・フリュイ、オレンジ、パイン、リンゴ、キウイを一口大にカットした盛り合わせに、レモン風味の軽い、そしてリキュールの香りのはちみつの甘口ソースをかけて、さすがにゆっくり味わう。

どれも薄味で、フランス料理の濃いソースはこの献立にはない。むしろ塩の旨みを感じた。例のおばさんはニコニコして、そばを通るたびに目を合わせていく。私が夢中に食べている間に、他のお客さんはほとんど帰り二、三人しか残っていなかった。

この店の主人はアルジェリアの人らしく、クスクスをすすめられた意味がわかった。隣がプチホテルになっているので尋ねたら、早口で細かいことがわからない。仕方なく外に出てから調べることにして支払いをすませ、お釣りをチップにした。百フラン（チップ十四フラン）。すると、おばさんはニコニコしてお金を入れる空の小盆をくるりと裏返しにすると、「パン！」とカウンターに打ちつけた。立ち飲みバーのカウンターザング（亜鉛のカウンター）で昔やっていたらしい仕草だ。固く両手をにぎり合って何度も上下に振りながら、彼女は早口でなんとかいってる。これはまた寄らねばならんなぁ、と思ってしまう。

2

カルチェラタンの坂道をゆっくり歩く。衿の毛皮が薄くなったコートに濃いアイシャドウと赤い口紅の白髪のおばあさんが、チョッキを着た小さなマルチーズと歩いてきた。おばあさんはつま先で二、三歩ごとにツンとお尻をける。そのたびに小さな犬はピョンと後脚をはね上げる。これをくり返す。心なしか犬のお尻の毛が抜けて皮膚が荒れている。思わず立ち止って見てしまう。犬も慣れっこなのかしら。私にはとてもできない。

古い城壁や誰もいない小さな広場を通り、ムフタール市場の側の公園で休む。今日は陽ざしものどかで風もやさしく吹く。

消防署の若い人に聞いて、本日の二つ目の目的であるホテルを捜す。泊まるからではない。パリにホテルを捜しているとき何度かファクスのやりとりをしながら、小さな行き違いで宿泊予約をとれなかった、二ツ星の小さなホテルである。

正面入口でしげしげと玄関を眺める。フロントには金髪で青い目の青年がすらりとした姿で何か書き仕事をしている。ゼラニウムに白いファサード。つい足はフロントに向かってしまった。

青年は「名前に憶えがある」とノートを繰《く》って捜してから、ふと手を止めてうなずいている。英語、フランス語、日本語の「まぜこぜ」だが、それでも会話は成立する。申し込みの条件を送信したがファックスが返ってこないし、パリコレクションの影響で待てなくて、他の予約を受けてしまったとのこと。今度はぜひと握手してフロントを出た。ちらりと見たところ、そこらにエレベーターは見当たらなかった。とにかく場所を見極めたことで、胸のつかえが下りた気分。

セーヌ河のほうへ下る。まわりをゆっくり見ながらドウブル橋を渡り、ノートルダム寺院のわきを歩いてサン・ルイ橋を渡る。ノートルダム寺院の後ろ姿が美しい。せまい石畳の道の両側には、これまた古い石の建物が迫ってくるように立ち並んでいる。よほど古いのだろう、歴史を見てきたサン・ルイ島だからなぁ、と見上げながら歩く。小さな飾り窓には、いわく付きのような古美術品が少しだけ並んでいる。趣のある、心ひかれるディスプレイである。

このサン・ルイ島の真ん中にフルーツアイスクリームの美味しい店がある。店の前には五、六人の列ができていた。私の番がきて「マロン」と指を一本立て「シングル」。これでこと足りる。店の奥には椅子席もあり、満員のようだ。なんだかうす暗い。東京の明るい店に慣れている目には、ただのアイスクリーム屋の店が異次元の入口じゃなかろうかと思われるほどミステリアスである。

アイスクリームを受け取り、十一フランを払う。なめらかで濃厚なクリームの舌ざわりと栗の荒い粒がコロコロするのを楽しみながら歯にしみる美味しさに思わずニヤリ。この数年アイスクリームなんて丸々一個を口にしたことはなかった。主治医の先生の顔が目に浮かぶ。歩きながらアイスをなめるなんて、いい気持ち。ゆっくりと高級アパートの入口の数字表を眺めたり、数少ない店のウィンドウを見ながら歩いていると、マリー橋のわきに出た。

グレーと白のシベリアンハスキー犬が、店先に鼻をすりつけるようにつながれている。思わず近づいて指先を鼻先に当てる。きれいに手入れされた若い犬で、東京の我が家のハスキーに思いを馳せる。躾がよいのか、アイスクリームには目もくれない。しばらく遊んでからシャッターを切り、バイバイと手を振って別れた。

マリー橋の中程でアイスクリームを食べ終わり、右岸へ渡って地下鉄のサンポール駅近くの雑貨店をのぞく。プラスチックのけばけばしい色合いの台所用品や玩具が山積みになっている。二階までブラブラと見物したが、ほしくなるものはない。

地下鉄駅に降りて、はじめてカルネ（回数券）を買う。五十二フラン。自動発券機だから黙っている。路線番号と案内板に沿って穴蔵のような通路をたどってホームに出る。地下鉄の入口は自動だったり自分で押し開けたり。各駅の壁に大きく駅名が書いてある。が、車内放送もホームの案内もない。行き先も書いていない。日本のように白線から下がれとか、傘を忘れるなとか、奥に詰めてくれなんて言わない。大人の国ってこうなんだ。ガイドブックで駅名を確かめながら、プシューッと閉まる扉のそばに立った。

車内はブラックアフリカ系が多く、静かにニューッと立っている。私の背丈は彼らの脇の下にも届かない。時折、ギターやアコーディオンを持った連中が乗り込んできて、一曲唄って空き缶を回してくる。日本人のような女性が何か語りかけて、やはり空き缶を持って乗客をかきわけながら通る。ミュージシャンにも、「おもらいさん」にも反応は冷たい。目はあらぬほうを見つめて誰もコインを入れている様子はない。でも私のところに空き缶はこなかった。

私の降りる「シャルル・ド・ゴール・エトワール」には、思いのほか早く着いた。この駅には複数の線が乗り入れているため、構内は勤め帰りの人たちでごった返している。はじめての地下鉄で何もわからないが、まず出口を捜し、どこでもいいからと、外への階段を上る。目の前に凱旋門がある。やれ、うれしや、と思ったが、門はポルト・マイヨー向きとシャンゼリゼ向きになっているはずなのに、自分の位置が全くわからない。見当をつけて歩き出したが、ホテルへの小路が見つからず、また半周歩く。

ラッシュ時で気ぜわしい顔ばかりで尋ねにくい。思い切ってキャリアウーマン風のきれいな女性に「ここはどこでしょうか」と尋ねたら、ガイドブックを上下左右に回して「ＯＨ！」と声をあげた。全く反対側にいたのだ。

凱旋門を中心に十二本の道路が延びている。正しい道を指さしてもらってやっと納得。「メルシー　ボクゥ」を二度も言ってしまった。ほんとうにありがたかった。彼女はにっこり笑って地下鉄駅へ下りていった。

ホテル近くの例の惣菜屋でリーキのバルサミコソース和え、ニシソワーズサラダを買ってホテルに戻る。フロントがなつかしくて、思わずにっこり愛想よく笑ってしまった。

なんだか昼食でお腹いっぱいだったので、サラダ二つで余る。

熱い風呂で足のマッサージ、洗濯、洗髪でさっぱり。湯をぜいたくに使って、ゆっくり肩までつかった。

足の裏に膏薬を貼ってソックスをはいて床に就いた。八時三十分、バタンキュウ。

第四章　本物のフランス人形、怖かったオペラ座

1

ゆうべぐっすり眠ったからだろう。三時四十分に目が覚めてしまった。雨の音がする。

スタンドの灯をつけて、きのう買ったノートルダム寺院のばら窓の絵ハガキをとり出した。とても静かで、雨だれの音だけがかすかに動いている中、五通を書き終えると六時。今日の予定と地下鉄の基礎知識を仕入れてメモする。

七時三十分にダイニングルームへ行く。今日もスクランブルエッグやベーコンを多めに、フルーツも山盛りにしてゆっくり食事。しっかりお腹に入れておかないと、昼食の都合で低血糖になりそうなのだ。八時三十分、小雨の中をエトワールの地下鉄入口に向かう。きのう経験したから、もう朝早いシャンゼリゼを歩くこともない。

バスティーユ駅はカナル（運河）の上にあり、カナルはセーヌ河から続いている。新しいオペラ座がすぐ前にある。

駅前のわきの小さな広場に白いテントが五つ六つ連なって、そこを中心にセーヌ河の右岸と左岸に御婦人方の行列ができている。その長さは優に百五十メートルを越している。この小雨の降る寒い朝に、また、なんの目的かと思うが、どうやら白いテントで何やら販売しているらしい。入場を制限しているので動きがにぶいのだ。多分衣類のバーゲンセールじゃないかと思う。けっこう若い人も混じっている。仲間でおしゃべりしている人、黙って足元を見つめている人、なんだかどこも同じなんだなぁと思ってしまった。行列のために駅から階段をかけ上ってくる人もいる。

行列を割ってもらって川沿いにゆるい石段を下りると船だまりに出る。カナルクルーズの船に近づくが誰もいない。雨に濡れたボートがタポタポ揺れている。白髪の婦人がひとり、手もちぶさたの様子でぐるぐる歩いているのが見えた。早すぎたかなと思いながら立っていると、船内からおじさんが出てきた。運行の予定を尋ねるとフランス語で何やら言った後、船内から英語のできる女性を連れてきた。

「今日は雨なので午前中の運行は中止。雨が上がったら午後二時に出ます」とのこと。午後二時まで待っているわけにはいかないので、今日はあきらめることにした。雨は小降りになって西の空ではうす陽もさしている。

岸に上がると行列はもっとすごいことになっていて、ぎっしりずらっと並んでいる。

バスティーユ広場の近くに郵便局があるはずなので、ぬれた石畳の道を路地の風情を楽しんで歩く。子供靴のディスプレイされたウィンドウでつい立ち止まって、知り合いのちび達の顔を誰かれと思い浮かべる。子供服の色調が地味でいてユニークな取り合わせになっている。スカート丈もひざ下五センチはあるし、ボタンが大きめで面白いデザインのものがつけてある。決して可愛いばかりではなく大人服の延長にある感じである。フリフリやレースはあまり見かけない。もちろんマンガが付いているものも見なかった。娘が幼かったらほしいと思うのがあったけれど、結構な値段がついていた。

うろうろ歩いて郵便局を見つけた。早朝に書いたカード入りの封書に切手を貼って投函する。

地下鉄で二つ目の駅、オテル・ド・ヴィルへ向かう。歩いてもよかったが、きのう買ったカルネを使いたくて乗車した。

ポンピドウ芸術文化センターは補修工事中で、足場が組んである。もともと工事現場みたいな建物なので、よく調べたが、やはり休館していた。少し歩いて一つ先のランビュトー駅入口のカフェわきに小さな看板が立てかけてあり、路地を入って、突き当たりを左に曲がるとなんとなくメルヘンチックな小さな庭がある。

「ミュゼ・ド・ラ・プペ　人形博物館」

入館料は二十五フラン。まだ早い時間なので、人が見当たらない。貸し切り状態だ。わりにせまい室内に大きなガラスのウィンドウがめぐらされて、それぞれの時代順に人形がレイアウトされている。人形だけでなく着替え服、人形のための玩具、帽子、バッグ、手袋、靴、家具など手の込んだつくりの贅沢な品々が揃っている。昔、子供の雑誌についてきた切り抜きの着せ替え人形も、ブリキの人形もある。

何よりも圧巻は、本物のフランス人形。一度は本物を見たいと願っていたから、ジュモーやゴルティエの実物に出合えてどきどき。人形の目は気味わるくてどうも長く見ていられないはずだったが、輝く白い肌、夢見るような青い瞳、永遠を見ているような深い眼差し、ふくよかなほほにうす紅色の唇、豪華なレースやしゅすのリボンの繊細な細工にうっとり。人形のための人形も精巧に作られていてこれはもう子供の玩具じゃない。何度も何度も出口から入口へ引き返して見物してしまった。

博物館の隣に作業場と土産売り場があった。のぞいてみると、今風のプラスチックの人形が裸でずらりと立っていた。トイレを借りてちゃっかりペーパー収集。ほしかった白い磁器の天使像がなかったので、絵ハガキを買う。

公衆電話から東京の自宅に電話をしたが話し中。ポンピドウ芸術文化センターの横から気の向くままに左にそれた通りを行く。このあたり暗い夜にはあまりひとりで歩きたくない。リヴォリ通りへ出て地下鉄のシャトレ駅入口へ。空地の向こうに壁をおおう緑と黄色があざやかな蔦《つた》が美しい。自然のペインティングに思わずシャッターを切る。

2

バルベス・ロシュシュアール駅で下車し、地上に出るとなんだかパリじゃない雰囲気。ぐるりと見渡すと、かの安売店「タチ」がすぐ目の前だ。ピンクのチェックの袋＝タチ＝安売り。店頭に山積みの原色のTシャツや短パン、子供服、カジュアルな品揃えで売り台はいっぱい。もう入る前から閉口。二階まで見てまわって頭痛がしそう。へそ出しパンツの男の子の手を両手にひいて、ブランケットで作られたようなオーバーコートを着て、その下は夏物のワンピース、素足にサンダルのお母さん。スカーフを目深にかぶり、上目づかいに胸の前でしっかり両手を握りしめた娘さんは、ピンクのチェックの紙袋を下げている。昼間から酔っぱらっている老人、ぼんやり口のしまらない青年もいる。男性は老人も青年もひげが多く、彫りの深い顔立ちというか鋭い眼差しに怖じ気づいてしまい、思わずバッグを前にかかえこむ。

昼食が遅くなって低血糖を心配する。近くのスピーディーというファーストフード店の二階へ上がる。ホテルの朝食から持ってきたパン・オ・レザンにコーヒーを買って急いですませる。店内は褐色の肌とやはり鋭い目つきの男性ばかり四、五人がたむろしていた。皆、私をめずらしい動物でも見るように凝視している。パンくずをはらって、ゆっくり立ち、歩き、急いで店を出た。慣れない雰囲気に少しドキドキしてしまった。

雑多な土産物屋を抜けてフニクレール（ケーブルカー）のエスカレーターはすぐにわかった。地下鉄のカルネが使えるので便利だ。サクレクール寺院へは、計画では歩くつもりだったけれど、疲れてしまった。雨も降ってきたし。上るほどに吹き降りになってきた。寺院の入口はこの小さな嵐をさけた観光客が溜って外を眺めている。傘を傾けて入口にかけ込むと、寺院の中はうす暗く足元がおぼつかない。ローソクの灯るあたりがぼんやりと明るいだけで、すかして見ると大勢の人がうごめいている。声は低いけれど、なんだか和音になってウォーンと鳴って天井に響いている。ステンドグラスが鈍いけれど七色に輝いて、ぽかんと見上げる。マリア様がことのほかやさしく見えて口を開いてうっとりしている自分に気づく。

寺院の中は暗かったが、少し目が慣れてくると、椅子に座って手を組んで一心に祈りを捧げている人、真正面を見つめて何やらつぶやいている人、スカーフを目深にかぶってじっと祈る人々がたくさんいるのに気がついた。一巡してから入口の近くに戻りローソクを一本買った。それを燭台に供え、手を合わせて「家内安全、交通安全、私達母娘の病気が悪くなりませんよう、他の皆が健康に暮らせますように」と十フランにしては欲ばりな願いごとをとなえた。クリスチャンでなくとも、とにかく手を合わせて祈りたくなるような雰囲気である。仏教徒である私はなんだか申しわけなくて、心の中で思わず笑ってしまった。

外は相変わらず雨で、一段と強い風雨になっている。丘の上だから下にいるところんなにひどくないと思って軽く上ったが、やはり見通しのよいぶん風当たりが強いということか。晴れた日ならパリを見渡せる絶好の展望台なのに、ぶどう畑や墓地など見たいところはあったけれど、あきらめて、下りは石段を下りることにする。

昔ながらの石造りの家々が建ち並んでいる。雨にぬれた小さな赤い車が灰色の壁に寄り添うように停まっている。看板もなく、しもた家かと思える家の大きな窓の中は美容院らしい。この坂道の沿道に住む人たちの暮らしを想像してみるのもドラマティック。こんなところに住んだら引っ越したくないだろうが、観光客の往来や、改装しにくいなどずいぶん不便なこともあるだろうと推察する。でもやはりフランス人気質に愛されているのだろう。石段は街灯もコマーシャルの画面のように風情があって雑誌で見たアングル通りなのに納得。

踏みたくはないけど、落ち葉が靴の裏にはりついてくる。一歩ずつヒロインになったつもり。幸い誰も来ない。このシチュエーションはもっとしんみりとした気分になるべきなのだろうが、私はうれしくてしょうがない。傘をくるくる回してみたり、途中で立ち止まって下ってきた石段を振り返って見たり、存分に楽しんでしまった。

下りきったところで公衆電話ボックスに入り、自宅へダイヤルした。向こうは夜中だったが、ようやく娘の声を聞く。お互い無事を確かめ合う。娘は一日おきに透析しているのでやはり心配だ。向こうは私が低血糖で倒れていないかと心配している。時差八時間でもこうして声が聞けるのだからありがたい。なんとなくほっとする。

3

丘の下は風雨もさほどひどくはなく、相変わらずせまい小路の芋の子状態を抜けていく。ここではじめて焼栗売りのおじさんに会った。「マロンショー」とハンチングに青いタブリエ（上着）、汚れた前掛けで鉢型の鉄板の上にひとつかみの栗がこげている。あまり売れているようにも見えないが人込みにかくれて風情を観察する。

焼栗売りは他の所でも見かけたが、こんな正統派にははじめてお目にかかった。肌の黒い外国人青年がポケットに片手をつっこんだまま二、三粒の栗を手に持って黙って立っている。鉄鍋の中にもひとつかみの栗しか炒ってない。昔はもっと売れたんだろうにとよけいな心配をする。

アンヴェール駅から地下鉄に乗り替えサンラザール駅で下車した。雨が上がって西に傾きかけたうす陽がさす。オペラガルニエまで人の波に乗って歩く。残りの絵ハガキを投函したくて郵便局を捜すが見当たらない。と、六、七人前を歩いていた若い男性がつと人波をはずれて、着ていたジャンパーをショーウィンドウの前にバッと広げて座り込んだ。ほんの一分もかからず空き缶を前に置いて、「おもらいさん」のできあがり。あっけにとられて、ついよけて通りすぎる。

はじめてこんな出来事を目撃した。そこここでおもらいさんを目にするが、なんとなくユニークで、何か一芸を披露する人もあり（これはおもらいさんに含めちゃいけないかも）、まるでこれも職業の一種ですといわんばかりに堂々としている。

捜している郵便局がガイドブックに出ているところに見当たらず、おまわりさんに尋ねると、やはり本を横や斜めにして困っている。そこで気付いた。パリの郵便局は「〒」印ではなく折り紙の飛行機みたいな印なんだ。おまわりさんはのけぞって笑った。

向かい合わせというか、並びにプランタンとラファイエット・デパート、ひと通り見物、入口には売台に特売品をデモしている。店内はさすがに最新のディスプレイだが、東京で見慣れているせいか驚くことはない。やはり各メーカーなりに独立したコーナー作りで特色を出そうとしている。色彩感覚がシックで素晴らしいし、ディスプレイに苦心がうかがえる。

エスカレーターで最上階まで見て、美しいラファイエットの天井に感心する。どちらの店も食品売場に注目して見た。品数はともかく種類を多く取り揃えてあり、本でしか知らなかったチーズや肉加工品がある。ひとつずつ見てゆくと面白いが時間がない。ゆっくり再訪するしかない。一階で空色のきれいなマフラーを手にする。支払いをすませて領収証を持ってこないと品物を渡してもらえないと聞いていたが、すんなりその場で買うことができた。デパート見物は疲れるのでほどほどにして出る。

オペラ座は全体に板壁とカバーがかかっていて裏側は洗浄中である。水圧の高いホースで高い足場からさかんにジャージャーと吹きつけている。これも二〇〇〇年に向けての化粧直しだろう。それにしても洗い終った壁はベージュ色に輝いているので黒く煤けたところが汚らしく、よくもこんなになるまで……と無責任にも嘆く。

パリはくすんでいるがやはり汚れていたんだ。

板囲いの正面わきの仮設の小さな入口から入る。それにしてもうす暗い。目が慣れるとシャンデリアのぼんやりした明かりだけ。中央の階段は思ったより幅がせまい。パンフレットや雑誌の写真では下からのアングルでキラキラ輝くように見せているが、同じ場所だとはとても思えない。頭の中で灯りを全部つけて、ついでにイヴニング姿のはなやかな人々を配置して観劇の図を思い浮かべる。細やかな装飾やしっとりとした内装はさすがだなぁとなでまわしてみた。観光客は口数少なくひっそりと足音をしのばせて歩く。少し通路をはずれると全く照明はなく、ぼんやりとくもったガラス扉の向こうにサロンが見える。ガラスに映った自分の影にぎくっとして唾を飲む。うっかり迷いこんだらオペラ座の怪人に出くわしそうだ。ついでに地下の貯水池にすべり落ちたらどうしよう。

桟敷席の紅いビロードの扉に打たれた番号を見て歩く。一度はドレスの裾をひいて殿方にエスコートされて入ってみたい……と思っていると、アメリカ人の観光客が扉を押したり引いたりしている。ガタガタ鳴るだけで開かない。開くものならとっくに私が中をのぞいている。それはやらなかったけど、劇場内部は見ることはできない。今はシーズン中だからオープン前の練習中かも知れない。

附属の図書館はすばらしい。蔵書がぎっしりと並んで圧倒されそう。天井まで書棚がくっついて両側を埋めている中を、そうっと通過する。なんだか図書室全体が金色に輝いている。その道の専門家ならずとも関心のある人には垂涎ものだろう。

舞台衣装や小道具も展示されているが、カビが生えているんじゃないかと思える。すばらしいとかきれいとか以前の話で、まるで古い倉庫。これらの衣装をつけた人の魂がこもって青白い照明の中でじっと耐えているような無気味さである。

名舞台でほしいままの喝采をあびたであろうオペラ上演の写真も数多く展示されている。「魔笛」の夜の女王が乗る三日月のゴンドラ等、今とあまり変わりない。鳥に乗って登場する作り物もこわれたまま床に置いてある。まるでごみ扱い。入場料をとるのなら、せめてもう少し期待に応えてほしいものだ。なんとなく抜き足差し足で出てきてしまった。ステージと天井と桟敷席を見たかった。次回はチケットを買って公演を見よう。在仏の日本婦人お二人に会って写真の撮りっこをする。品の良い静かな方たちで、仲がよさそう。こんな友達なら一緒に旅してもいいかなと思う。

外に出たらお陽さまが見えた。陽の光が、まだぬれている歩道にキラキラ反射している。現世に戻ってほっとした。

オペラ通りをピラミッド方面へ、有名ホテルやカフェを横目に見て歩く。それにしても日本人がいっぱい。

日本食品店で細巻きを一折り買う。前日両替した土産物屋で一万円（五百十八フラン）替える。店の入口には格好いい用心棒がいたので「きのう来た」と言って入れてもらった。

ド・ゴールからエトワールへ地下鉄で帰る。駅を出ても迷わずホテルへ帰れた。

坂道の惣菜屋でリーキのビネグレットソース和えとニシソワーズサラダ、スーパーで一リットル入りのミネラルウォーターを買う。

熱い風呂、小さな洗濯、足マッサージ。

また雨になる。窓を開けると糸のように光る雨脚。中庭の細い木立が光のつゆを受けて揺れている。うーん、パリのドラマよね。八時三十分、ダウン。

第五章　一角獣のタピストリー、二人一緒の墓

1

四時十五分起床。今日の地下鉄路線を調べ、メモをする。

七時三十分にダイニングへ。ミルクとバターにはコクがあって自然な甘みとなめらかさがたまらない。今朝はびん入りの冷たいヨーグルトもいただいた。隣のテーブルにいたマニラから来た御夫婦から「あなたは日本人ですか?」と尋ねられた。どんな国の人が泊まっているかは朝食のダイニングでしか知ることができない。裕福そうな小太りの奥さんは、笑うとつやつやかなほほが輝いてチャーミングだ。御主人は黙って下を向いたまま、ひたすらシリアルを口に入れている。

毎朝そうしているように、すきを見てクロワッサンをひとつカバンに入れる。

ところが、私のいつも座る席の側面は鏡張りの柱になっていて、角度によってはカバンに入れるのが丸見えなのだ。今まで気付かなかった。

八時五分、今朝はシャンゼリゼを通る。各国からの招待作品であろうオブジェは、私には難解なものばかりだ。そのうちのねじり菓子のような作品が気に入ってフラッシュを焚いた。

コンコルド広場から地下鉄に乗り、九時十分にバスティーユ駅に着いた。河岸の船着場へ急ぐ。八十フランのチケットを買って日本語のパンフレットを手渡された。しばらく待っていると乗客が集まり、私の後ろにシスターが四人立っている。おしゃべりに余念がない。乗船がはじまったので私はシスターたちに先をゆずった。やはり国は違ってもお年寄りだし、ましてや尼さんだから一番をいいことにのしのし行くのはなんとなく憚かられる。「もぎり」のおじさんが私に会釈をした。

他に日本人の青年と見目うるわしい若い日本人女性、アメリカ人の七人グループ、北ヨーロッパの人だろう、真白な肌、青い瞳、金髪の六人グループ。あと、どこの国の方だか老人夫婦。

若い人は皆、上のデッキに上っていった。

九時四十五分出航。尼さんたちは最前席でやはりおしゃべりがはずんでいる。船内に席をとると身体もあたたかくなった。出航して間もなく地下水路、天井は半円のプット（半円形穹窿《きゅうりゅう》）に入る。天井壁に丸い窓が開いており、換気と明かりとりになっている。二キロほど続いて表に出た。水門の水位を上げながら進む。昔からの水門の番小屋が小さな古い屋根に枯葉を積もらせている。進むごとに橋の下をくぐるがいろいろデザインが違っている。水門前でせり上がる船を二、三人で見物している。シルエットになって、どこか写真で見た風景である。車道に連なる橋は船が通るときには水平に動いてわきによける。通りすぎるとまた横にすべって道の一部になり車が渡る。

運河の両岸はブロックごとに風景が変わる。十区の左側のあたりはアパートが建ち並び、バルコニーの高さが決まっているのか、どこまでも真横に並んでいる。壁の色は変わっても均整がとれて美しい。右側の古いアパートの間を細い石畳の路地が奥に向かってなだらかな上りになっており、道の途中には昔ながらの街灯がポツンと立っていたりする。あのあたりを歩いてみたい。アパートの窓は、白いフレームに囲まれたフランス窓といわれる造りで、窓の中ではレースのカーテンが揺れ、バルコニーには赤いゼラニウムの鉢が置いてある。やっぱりどこかで見なれた「絵」である。ほんとにあるんだ。ポーッと窓枠に入った暖かいスチームにうとうとしてはっと目をあけたら、「北ホテル」を見のがしてしまった。それを見るのを楽しみにクルーズに乗ったのに。悔しい！　連日の疲れがつい居眠りになってしまった。それもつい今しがた通りすぎたらしい。

それにしても、船の案内嬢のマイクの声が両岸にガンガンひびいて、それもしゃべり続けるもんだからやかましいし、乗っているほうも恥ずかしくなる。パリのくせによくこんな騒音を許しているものだと不思議に思う。

河岸の広い貯水池には糸を垂れる人がいる。こんな池で何が釣れるのかな。子供たちがローラースケートに興じている。親子連れがゆっくり散歩しているし、小さな椅子に座って日向ぼっこをしながら新聞を読んでいるおじいさんもいる。出航して二時間で、ラ・ヴィレットに着いた。科学産業シティ館、ジエオードと名づけられた大きな球体の映画館、全体が広い公園になっている。

実は私はソワソワと落ちつかない。船の到着する前からトイレに行きたくなった。船内には確かにそれらしいドアがあったけれど、もしこの運河に流すんだったら申しわけないと思ってガマンしていた。下船すればどこかにしかるべき場所があるだろう。例えば船着場のどこかに、と思ったら大まちがい。船の着いたところはなんにもない草の土手。

だだっ広い芝の公園に大きな珍しげな建物が連なっているばかりでそれらしい表示はない。あそこもここも見てみたいが、それどころじゃなくなってきた。急ぎの用事でもあるようにきょろきょろしながら「その表示」がないかと、つい歩幅が広くなる。人影はなく静かなので誰もこの急ぎ足のおばさんが困っているか見ている人はなさそうだと思うことにしてコンベンションセンター横をすぎ、どこかの展示館にでも入らねばトイレはないみたい。地下鉄近くまでほとんど公園をかけぬけて、音楽博物館、パリ・ヴィレット劇場を通り越してフォンテーヌ・オ・リヨン広場のカフェ・ド・ラ・ミュージックに飛び込んだ。苦しいけれど落ちついてやおらカフェオレを注文して「トワレットはどこですか」。入口のすぐ近くと教えてもらって急ぐけどゆるりと参る。顔がひきつりそう。身体の半分が溶けたような気分で席に戻った。バッグの中には土産用のトイレットペーパーもちゃんと入れてきた。

広い店内にはゆったりと席がとってあり、そろそろ早目の昼食をとる人々がいて六人の若い日本人グループが柱のかげの席でミーティングをしていた。ひとりの客が多く、黙々と食事をしている。もう気分も落ちついてゆったりカフェオレを味わった。二フランのカフェオレ代が安く感じられる。

2

ほんとうはあちこち見学したら、ポルト・ドゥ・ラ・ヴィレット駅から地下鉄に乗るつもりだったけれど、反対側に船着場があったので、事情があってそこから駆け抜けたもんだからポルト・ドゥ・パンタン駅の入口まで来てしまった。カルネを買うため、最初に買ったときと同じく五十二フランを出したら、「五十五フラン」と言われた。郊外ということで高いのかも知れない。仕方がないので五号線を延々

郵便はがき

恐縮ですが
切手を貼っ
てお出しく
ださい

160-0022

東京都新宿区
新宿1－10－1
(株) 文芸社
ご愛読者カード係行

書　名				
お買上 書店名	都道府県　　　市区郡　　　　　書店			
ふりがな お名前			大正 昭和 平成　　年生　　歳	
ふりがな ご住所	□□□-□□□□			性別 男・女
お電話 番　号	（書籍ご注文の際に必要です）	ご職業		
お買い求めの動機 1. 書店店頭で見て　2. 小社の目録を見て　3. 人にすすめられて 4. 新聞広告、雑誌記事、書評を見て（新聞、雑誌名　　　　　）				
上の質問に 1. と答えられた方の直接的な動機 1. タイトル　2. 著者　3. 目次　4. カバーデザイン　5. 帯　6. その他（　　　）				
ご購読新聞　　　新聞	ご購読雑誌			

文芸社の本をお買い求めいただき誠にありがとうございます。

この愛読者カードは今後の小社出版の企画およびイベント等の資料として役立たせていただきます。

本書についてのご意見、ご感想をお聞かせください。 ① 内容について
② カバー、タイトルについて
今後、とりあげてほしいテーマを掲げてください。
最近読んでおもしろかった本と、その理由をお聞かせください。
ご自分の研究成果やお考えを出版してみたいというお気持ちはありますか。 ある　　ない　　内容・テーマ（　　　　　　）
「ある」場合、小社から出版のご案内を希望されますか。 する　　しない

ご協力ありがとうございました。


〈ブックサービスのご案内〉

小社書籍の直接販売を料金着払いの宅急便サービスにて承っております。ご購入希望がございましたら下の欄に書名と冊数をお書きの上ご返送ください。
●送料⇒無料●お支払方法⇒①代金引換の場合のみ代引手数料¥210（税込）がかかります。②クレジットカード払の場合、代引手数料も無料。但し、使用できるカードのご確認やカードNo.が必要になりますので、直接ブックサービス（0120-29-9625）へお申し込みください。

ご注文書名	冊数	ご注文書名	冊数
	冊		冊

とオーステルリッツ駅まで乗る。この駅は暗い。工事現場みたいだけどモノクロ映画で薄幸の少女が旅行カバンを下げてとぼとぼ歩いていそうで、高い天井、どこからかカーンカーンと足音が響く。始発十号線に乗り換える。この駅もゆっくり探検したかった。

ソルボンヌ下車、カルチェラタンの真ん中。クリュニー美術館はすぐ近く、道のわきに地下の浴場跡がぽっかり見えて、異次元の気配がある。ローマ時代の白衣の人が目をあげて現在のパリの道ゆく人と視線をかわしているような……。さすがに学生らしい若い人が多い。左へ曲がってすぐに入口、十五世紀の館でロマンティックな美しいファサード。思わずため息の出そうな……入っちゃいけないような、でも早く見たい。入館料三十フラン。気品あふれる雰囲気に思わず「ごめん下さい、お邪魔します」と腰を落としてそっと入る。

ソムラールの美術収集は生活用品から美術工芸品、宗教儀式のための用具、アクセサリー、それにステンドグラスの見事さにうっとり。これも全て権力にものを言わせたのかと思う。修道院長の食事に使用されたスプーンはまるで昔のかき氷についていた「おしゃじ」みたいなもので、当時としては高級品であろうが現代人の見た目には粗末な感じさえする。カトラリーを使って食事することは上流階級の贅沢だったのだろう。でも笑ってしまった。ごめんなさい。

通路の両面にステンドグラスがはめ込まれた窓があり、他より一段と見事な美しさだった。クリュニーの第一の目的はタピストリーを観ることで、その展示室に至るまで迷いにまよう。他の見学者も右往左往している。奥まった一室にたどり着くと暗い室内に天井高くから六枚の大きなタピストリーが展示されている。他の部屋より暗いような気がする。品質のいたみをおさえるためであろう。ぼんやりした明かりの中に物語のさし絵のような模様が浮かび上って一角獣と貴婦人のまわりにはウサギやリスがミルフルールといわれる白い小花の中に配されている。十五世紀に織られた大作でどっしりした質感に圧倒される。細かい図案が少しの乱れもなくきっちり織り込まれて、近よったり離れたり色あざやかによく今日まで保存されたと感心して見とれた。またパリに来よう、再度、いや何度でもここに来たい。

ノートルダム寺院の地下から発掘されたローマ時代の遺跡と大浴場跡に下りてい

き、その彫刻の側をそっと通る。まるで声をかけてきそうな気配さえする。これは全部本物なんだと思うと、大浴場のあたりからざわざわと会話がきこえそう。ぽっかり空いた天井から表を通る人が見える。地下鉄を出てすぐ見えた地下室だ。こんな身近にローマがあるなんて信じられない。ゆっくり堪能させてもらった。売店で一角獣と貴婦人の絵ハガキを買った。七枚で三十五フラン。もう一度ぜひ来て会いたい。一時五十分、振り返りながら館を出る。

すぐ近くのはずなのにリュクサンブール公園に出ない。タピストリーが頭の中でぐるぐるしている。ソルボンヌの横を通り、二人ほど「エキスキュゼ」でようやく公園にたどり着いた。低血糖のはじまる徴候で、ひざがふるえてくるし、冷汗がにじむ。急がないと。早く早くと公園前の店でオレンジジュースを一缶買う。小走りにベンチを捜す。長いベンチではなく一人掛けの緑色のベンチを引きよせて座るとすぐにジュースを飲んだ。半分くらい一気に流し込む。ハフーッと一息ついて安心する。何か食べなければとバッグからホテルのクロワッサンを取り出したらぐちゃぐちゃになっていた。少しずつジュースで流し込む。気分も落ちついて庭園の向こうに鎮座する宮殿や中心の八角形の池をながめた。風が出てマロニエやプラタナスの枯葉が勢いよく吹き寄せられる。池の水面にさざ波が立つ。三三五五、人々がベンチを寄せて話し込んでいる。幼い子供に付きっきりで遊んでいる若いお母さん。みんなに愛されている公園なんだなと感じる。子供たちの服装がおしゃれだ。紺やグレーの服に朱色の小さなマフラー、ボンボンのついた毛糸の帽子は黒地に赤い水玉。小さなブーツはエナメルで、「えー」と驚いてしまう。乳母車も来ている。木洩れ日に友達と一緒に笑いころげている少女たちの白いピカピカの肌。

ぼんやりあれこれ見とれて缶ジュースをあおっていると、視野の片隅に、アタッシェケースと新聞を持った中年の男性が近づいてくるのがわかった。

「日本人ですか？」と静かな声で尋ねて「ここ、いいですか」と言う。

「どうぞ」とそっけなく答えて椅子をわきにずらした。

「他の皆さんは他所に行ったのですか」

「……？」

「グループではないのですか」

「いえ団体ではありません」

「すみませんが英語で話しましょう」

「は?」

目をそらしたまま黙っていると、天気のこと、いつもここで休むこと、「日本にいたことがある」と言って、なにやら思い出すようにいくつかの日本語を口にしたが、日本人も普通の人はあまり汚くて言わないようなことを真剣な顔でいう。これはまともな生活を日本人の友人に教えてもらわなかったらしい。

「美術館めぐりが楽しい」と言ったら「自分も小さなギャラリーを持っている」などとなんだか調子がいい。その間私は缶ジュースをぐいとあおり、パンの包み紙をバリバリとたたむ。

いきなり「私のこと好きですか?」

「へ?」

「好きですか?」

驚いた。どこの国でもこんなことにはプロセスの最短ぐらいあるでしょう。「日本語、ちゃんと話せますか？」と聞くと頭を振っている。

「私はフランス語も英語もあまり話せませんので、聞かなかったことにします」

じっと見つめてきて何かまた言いそうになったので、先手を打って「何ておっしゃったのですか」と二度くり返した。すると人さし指を口にあててまわりを見まわしている。「はぁん、あなたねぇ、枯れたりといえども大和撫子よ、簡単に釣れるなんてうぬぼれるんじゃないわよ」と日本語でしかつめらしく言ってみた。公園で白髪がハントするの？　パリよねぇ……。この人フランス人じゃないと思うよ。それでも恥をかかせないように、「私は忙しいから出かけます」と近くに寄ってきたビーグル犬と子供に話しかけながらベンチを離れた。

目線を前方にすえたまま憮然としているのをちらと見て、「おやロッサノ・ブラッツィみたいね」とはじめて気がついた。楽しみにして来た公園はこれでぶちこわしになった。ま、パリだからこんな話のひとつくらいあってもいいか。別に人生変わるところまでいったわけじゃなし。ドキドキもしなかった。

3

ポールロワイヤル通りに出る。マルコポーロ庭園からは正面に天文台が見える。「チボー家のジャック」を読んでいた頃、どんなところだろうと具体的に想像できずにあれこれと情景を思い浮かべていた、あの天文台だ。

ロワイヤル通りを右に折れると、思い出したようにショーウィンドウがあって仕立てのよいジャケットやスーツがひかえめにディスプレイされている。衿の型がユニークで美しく仕上がっているな、と見とれていると、先の並木で用を足している男性がいる。エッ、エッ、見まちがいじゃないの？　パリよ、ここはパリよ、と胸の内で叫んだ。「私のパリに何をする！」。男って世界中同じことする奴がいるんだ。がっかり。

ピカソ広場の手前を左に折れてエドガーキネ通りを渡り、モンパルナス墓地へ。人影はなく、初冬のやさしい陽ざしに満ちている。入口から右側すぐに〝目指す人たち"が眠っていた。

アイボリー色の石の墓に黄色と真紅のバラが一輪ずつ横向きに供えてある。サルトルとボーヴォワールにこそふさわしいしつらえであり、思い描いていた通りのたたずまいだった。

リュクサンブール公園から持ってきたマロニエの型の整った枯葉をだいじにそっと心をこめて墓の上に置いた。しばらく立ちつくす。西に傾きかけた午後の木洩れ日がやさしい。音もなく風が吹き抜けた。枯葉が少し動いた。レジオン・ド・ヌール勲章を受けられた朝吹登水子氏にボーヴォワールのあだ名がカストール（かわうそ）だと教わった。そんなことも思い出しながら墓地を去る。ボードレール、マン・レイ、ザッキン、モーパッサン他有名な人が眠っているが、今日はこれだけに思いをこめて。

エドガーキネ通りは、駐車場である。端っこをようやく人が通れる。すぐに、モンパルナスタワーのそびえるビアンブニュに出る。若い人が多くてにぎやかで、田舎っぽい、ターミナル駅らしいにおいがする。タワーが不自然に上空にのびている

モンパルナス墓地

のが気に入らない。ほんとうはこのあたりでガレット・ド・サザランを味わうつもりだったけれど、もう時間がない。なんとも心残りだが、また来るからね、と地下鉄に乗る。十三号線で三つ目のヴァレンヌ駅で下車。ロダン美術館は近い。貴族の館がそのまま美術館になっているので堂々たる入口。二十八フランのチケットを買う。彫刻の殿堂はばらの庭を中心にかなり贅沢な白い邸宅が続いており、その室内にはカミュの作品も展示されている。次々に見憶えのある、あるいは教科書でおなじみのポーズで実物がそこにある。

力強い筋肉や、優美な身体の線が目に入るので、一体一体ていねいに上下、正面、裏側と眺めて時間が過ぎてゆく。庭には見憶えのあるあの緑色の人がまだ何か考えている。語学教室のコマーシャルが思い出されて「あらここにいらしたの」と声をかけたくなった。少しおかしい。白い彫刻の骨太な骨格と細かな筋肉の表現に圧倒されて裏の庭園に出ると、昼食のオレンジジュースがきいてきたので庭の隅っこにある別棟のトイレに行く。御婦人が神妙な顔で十二、三人もいる。耐えて順番がくると、肌の黒い中年の女性が椅子にかけて腕を組み、上目遣いにすごんでいる。大きなトレーが机の上にあり小銭が少々ちらばっている。話に聞いたことはあるがはじめて出合った。用をすませて（トイレットペーパー収集ばっちり）一フランおいて出た。

地獄の門を間近に見る。こんなに苦しみもだえる人がくっついていたら「考える人」も答がいつまでも出ないんじゃないか。

それにしてもレプリカが多いらしいので、本物がどこにあるのか知りたい。正面庭に戻ると遅咲きの黄色や紅のばらが丈高く植えられていて夕陽にアンヴァリッドのドームが金色に輝いている。青空に映えて思わずシャッターを切る。もうすぐ日も傾くだろう。

ヴァレンヌ駅に戻ると近くのカフェのテラスでアメリカ人の団体が大声で陽気に騒いでいる。日本人でなくてよかったと思ってしまう。

シャンゼリゼクレマンソーで乗り換え、エトワール駅で下車。すっかり日が暮れてシャンゼリゼ通りにはテールライトの赤の列がずっと続いている。ホテルへの坂道のスーパーで全粒粉のパンで作ったサンドイッチのパックとポテトサラダを一パック買う。通りの角に灯の入ったカフェがあり、店内には人々がいっぱいカウンターについている。親子連れがキャンディーを品さだめしていた。

六時、自宅に帰りついた感じでフロントに足を運ぶ。

熱い湯を入れ、小さな洗濯物をバスタオルにはさんで絞る。浴室に干しても換気扇をつけておけば必ず朝には乾いている。次回から下着を日数分持ち込むのはよそう。

静かな夜になる。この部屋だけがパリの中の私の居場所。一度もテレビは見ていない。娘と一緒だと、彼女は必ずニュースや天気予報を見るだろう。

サンマルタン運河の両岸のアパート、どこかに続く石畳の小路、水門、ラ・ヴィレットの銀色の球体、クリュニーのタピストリー、予定ではもっとひとりで楽しみたかったリュクサンブール公園。サルトルとボーヴォワール二人一緒の墓、白いロダンの彫刻の群れ、そして庭のばら。一日のことをゆっくり反芻するのは今夜がはじめて。ぼんやりと暗い窓の外をながめて頬杖をつく。

明日、雨が降りませんように。

第六章　ベルサイユの裏道

1

今朝は四時十五分に起床、このホテルで寝つけなかったことは一晩もない。とにかくぐっすり前後不覚状態で眠りについている。

メイドさんへのチップ五フランを折り鶴の羽にのせておく。今日はベルサイユに行くので、朝食までの間、RER（高速郊外地下鉄線）をていねいに調べる。

中庭はまた小雨にぬれている。きのう懲りたのでカフェオレは半分にしてヨーグルトにする。

八時にホテルを出る。毎朝早く出かけて灯のともる頃に帰ってくる私をフロントの人はどう思っているかしら。

エトワール駅から一号線に乗ってシャンゼリゼクレマンソー駅で十三号線に乗り

換えてアンヴァリッドまで行き、さらにC5に乗り換えてベルサイユ駅着というつもりが、日曜日で人通りが少なく慣れたつもりで飛び乗ったけれど、どうも座席が違う。車体の色も違う。「あ、まちがえたな」と気づいたら六号線でクレベール駅に着いた。とにかく急いで下車。この駅はホテルから歩いて来られるくらい近くにあり、大通りのクレベール通り沿いにあるのだ。

エトワール駅に戻ってやり直さなきゃと反対側のホームに渡ってガイドブックを調べ直すと、なんとこのまま六号線でビルアケム駅まで行ってRERに乗り換えることができることがわかったのだ！

ここでまた早とちりをすると、しょっぱなから失敗するから（もう失敗してるけど）電車を二台やりすごして確認する。穴蔵のような地下鉄の駅は人影もなく、うすら寒く、心細いったらない。意を決して、ナシオン行きに乗車する。電車は地上に出て、やがてビルアケム橋でセーヌ河を渡る。すぐビルアケムの高架駅に着いた。

河岸にRERのシャンドマルス駅を見下ろす。エミールアントワーヌのスタジアムも見える。淋しい思いで雨の上がった舗道に下り、RERの駅に向かうが、まわりに人影はない。ところどころ水たまりにさざ波ができている。でも青空を映しているのが救いだ。

南寄りの小さな入口から階段を駆け下りる。切符はベルサイユまで買ったが一等と二等があるらしい。駅員からしきりに何かを尋ねられるが、悲しいかな何もわからないので、二等車の意思表示のつもりで指を二本出したら、「ウィ」で通った。

十四フラン五十サンチーム。

上りホームと下りホームは広い通路をフェンスで二つに仕切ってある。電車がどっちのホームからどう行くのかわからず、エイと左寄りをとる。ホームはセーヌ河を背にアーチ型にくり抜いたすけすけの壁で、御茶ノ水駅みたいな感じだ。電車が入ってきた。あ、まちがった。あっちだ。

細くて長いホームを延々と急いで歩く。戻ってフェンスを右に出ればいいものを、まちがえたのがくやしくて意地になって反対側を急ぐ。行き着いたところを渡って息をととのえる。天井から吊り下げられたテレビモニターに、次に発車する電車の行き先や時間が表示される。九時一分のベルサイユ行きが来る。ホテルを出て一時間も経ってしまった。こんなとき連れがいたら険悪な空気になっていたかも知れない。だからひとりに限るのよね。

落書きだらけの車体に「1」とか「2」とか番号がついていたので「2」に乗車。車内はベージュとオレンジ色で明るい。ガラ空きなので、好きな席がとれる。別に一等も二等もそんなに変わりはないように見える。発車して身体中の力が抜ける思いでホッとする。

このあたりも今朝まで雨が降ったらしく、郊外に出ると木立が朝日に金色に輝いて、紅葉黄葉まぜて水気を含んでいる。雑草でさえ空に向かって伸び伸びとうれしがっているようだ。

高いビル群が白銀色に右手遠くに見える。あのあたりはポルト・マイヨーからラ・デファンスの新市街だろう。

線路の左右には古い石造りの一戸建て住宅が多く、アパートしかない市内とは違って庭や畑に隣接しているぶん豊かに見える。土地に根づいた暮らし、という感じがする。農業国フランスはパリに近い郊外でも昔からの石の家が残っているのだろうか。きれいに手入れされた豊かな土と、その季節には花盛りになるだろう庭木が続く。それでも家々のフランス窓には白いカーテンと赤い花の植木鉢が置いてあり、市街と変わらない窓辺の風景である。

新しい団地でもできるのか、ブルドーザーが土を掘り返し山積みにしている。コンクリートの五階建てのアパートも並んでいる。一戸建ての味わい深い家が目を楽しませてくれていたのに、ああどこの国も同じだな、日本だって茅葺き家屋が普通に残っていることは珍しいのだから。それでも、それぞれに人の住まいに表情があってほっとする。

朝の冷たい風に紅葉の丘が続いて遠足のように心がはずむ。山とは呼べない丘のトンネルを抜けると、間もなく終点のベルサイユに到着した。シャンドマルスを出て三十分ぐらい。駅前には少しの商店があるだけ。駅を出て商店の左側から裏道に入る。枯葉が厚く積もって茶色のふわふわした道、靴音などするわけがない。足もとがやさしい。つま先でしめった落葉をけりながら歩く。その時カラーンカラーンと鐘の音が響き渡った。日曜のミサがはじまるのか。並木の上にひろがる朝の空にさわやかな音が広がってゆく。思わず深呼吸をして両手を高く上げる。静かな家並みはその昔宮廷に仕える人たちの村だったと思われる。右手にホテルほどもある厩舎がレンガ造りの廃墟らしく残っているが、今でも中から元気な馬のいななきが聞こえても不思議でない気配がする。しっとり水気を含んだレンガにそっとふれてみる。

正面玄関のキピカ門が見えてきた。ゆるい上り坂の石畳の広場になり、右手奥には観光バスが五、六台並んでいる。ベルサイユとルーブルは朝早く行くようにと聞いていたが納得。チケット売場にはもう行列ができている。キピカ門を入り、敬意を表して宮殿に向かって真正面を歩く。

「見参致す！」

自然に人がよけて通る。不遜な私。たかがベルサイユ、されどベルサイユ。

ルイ十四世の騎馬像が迎えてくれる。このお馬ちゃんの尾のつけ根はリボンでゆわえてあるのね。この一体は「ルイ十四世ここにあり」とふんばっている。見学料四十五フラン。もう人波が押し合って動いて仕方なく次々と各部屋を見て歩く。やはりゆっくり見て歩くのは無理で、「立ち止まらないで下さい」状態である。各国語で案内する声や、足音で騒々しい。

それでも王妃の寝室では人込みをかきわけて前に出た。当時、出産には庶民が詰めかけて世継ぎを確認したという。アントワネットでなくても当時は恥ずかしいなんて感じはなかったのではないだろうか、王妃の義務だから当然だったかも知れない。痛くて、どうでもいいから早く生まれて、と思ったかな。

大きな寝台は舞台のように見える。調度品は十九世紀の物らしいが見事な細工である。ナポレオンの戴冠式の絵画には圧倒される。ルーブルで観たのと作者は同じだけれど、一部違えてあるという。興味があって確かめたかったが全くわからず人に押しまくられる。

鏡の間はとても贅沢だけれど天井画を楽しむ。ボヘミアクリスタルのシャンデリアは見事だった。芸術云々はあまり感じなかった。そのうち人に流されて外に出てしまった。いつの間にか空もようがあやしくなって陽ざしはない。せっかく晴れていたのに、遠くの空に黒い雲が動いている。風も出て中央噴水や運河もさざ波が立っている。裏庭は広大に広がってシンメトリーに刈り込まれた植込みにラトナの噴水、アポロンの泉がどれも美しい彫刻で見とれる。砂利の敷かれた広場をゆっくり歩くと宮殿内の人いきれが嘘のようで、観光客もちらばっているのでせいせいする。枯葉が一枚も落ちていない。もちろんごみもない。手入れされてむしろ寒々とした感じさえする。はるか見下ろす方に運河が広がり連なっていてこんもりした木立の向こうにはトリアノンがあるらしい。そこまで行く気はとうにうせた。できるならこのプチカナルを望む正面に立って月夜の明かりの中で白い衣装をまとい、オペラのアリアなど、そうだなぁサムソンとデリラの「あなたの声に心はひらく」なんぞ心ゆくまで唄いあげたら気持ちがいいだろうな、できないついでにどこからかオーケストラが伴奏してくれる。うっとりとしたつもりになっていると、北の空がいよいよ暗くなってきた。宮殿は思いのほかパリから近いのでまた来ることもできるだろう。次回は宮殿ではなく村の中を散策したいと思う。本日これまで。売店でハーブの匂い袋を友人の土産に買って、財布を見たらまるで入ってない。あぶない。

トイレは各国の御婦人方がきつい顔をして並んでいるのでやめた。昔は宮殿にトイレはなかったと聞いたけど。

2

十時五十分、ルイ十四世のお馬ちゃんにさよならしてキピカ門へ真ん中を歩いて下る。パリ大通りから右に折れて駅に向かう。今朝は裏道、今は表通りを行く。並木道は人通りもなく、宮殿の喧噪が嘘のような静けさだ。道の両側に小さなショーウィンドウがそこここに開いていて、骨董美術品がディスプレイされている。店内には誰もいない。これ幸いとのぞいて楽しんだ。こんなきれいな装飾品やインテリア用品がこの世に残っているのかと感心する。よく手入れされて美しく並んでいる。

宮殿を離れるとなんのてらいもない。自然の豊かないいところだなぁとつくづく思う。

トイレが駅に行けばあると思ったのが大間違い。どこにも表示がない。列車はホームに入っている。チケット売場ではどこまで買ったらいいかわからない。お嬢さんが何か言っているけど、例の通りややこしいことはさっぱりわからない。持っている硬貨を出して並べた。「どうにでもして」の心境でいると、「ノンノン」と言って三つばかりつまんで切符を出してくれた。どこまでとも言ってないのに。十四フラン五十サンチーム。

自動販売機で十フランのミネラルウォーター五百ミリリットルのボトルを買う。十一時二十分に乗車したらすぐ発車した。トイレに行きたい。低血糖が気になる。さよならベルサイユ、またいつか。

席に座るやホテルから持ってきたパン・オ・ショコラをミネラルウォーターで流し込む。通路をはさんだ窓ぎわにいた可愛いマドモアゼルは、私が乗ったときにはすでにジャンボン・ド・パリという大きなバゲットサンドを食べていた。ひざの上はパンくずだらけ。落ちついてから切符を見てもらった。郊外から市内のどこまで乗ってもいいらしい。どうりで行き先を聞かれなかったはずだ。この娘さんは学生で午後から授業があるらしい。私が往きにホームをまちがえたマルス駅で、彼女は心配そうに振り返りながら、手を振って降りていった。

私はオルセーまで乗り、駅を上ってサンジェルマンへ。ユニヴェルシテ通りを行くつもりがとんでもなく突っきって行きすぎて、大きな石造りの邸宅街へ迷い込んでしまった。なぜか首相官邸の前を通ると中年の美人が制服姿も凛々しく、私のほうをまばたきもせず見つめている。私がゲリラに見えるかしら。こっちも目を見返して、要するにガンとばし合って、後に振り返ってからニッと笑ってやった。だから十分あやしいのか。それにしても美人。

高級そうな石の壁が続く。こんなところ、わざわざ見物に来るわけないからキョロキョロ数字プレートのついた門を見て通る。中はどうなっているんでしょうね。静かだ。靴音が響く。ベルサイユの裏道の落葉を踏む感触がなつかしい。さすがにおまわりさんが街角ごとに立っている。ラスパイユ大通りに出たいと尋ねたら二人で頭をつき合わせてガイドブックを横にしたり斜めにしたりで相談している。どこでもこんなことになる。指さしてくれたほうに歩きだす。

どうして首相官邸前へ迷い込んだかわけがわからない。つねづね勘で動くからとんでもないことになる。だからやはりひとりに限る。みんな親切に教えてくれる。

やっと大通りに出たのでサンジェルマンデプレ教会を目指す。途中ウロウロしながら余裕で楽しんで歩く。さすがのブティック、小さなギャラリー、お菓子屋さんはハロウウィンのデコレーション、素敵な靴の並んだウィンドウ。それでも日曜日のせいかシャッターを下ろした店も多い。サンジェルマンデプレ教会の前に立つ。わきの通りを入るとカフェ・ドウ・フロールやレ・ドゥー・マゴのカフェがテラス席いっぱいにお客さんを入れている。一度は入ってみようと思っていたが、この混みように嫌になって見向きもせずに通りすぎた。かなり日本人もいて若い女性が多かったようだ。

あみだくじのように曲がり角ごとに折れてゆっくり歩いて行くと市場に出た。屋台の店がもう店じまいの様子。それでも人通りは多く身体を横にしてすれちがう。

黒いダイコンが一本ころがっているし、五、六本を束ねた小な赤いダイコン、リーキ、セロリアックの玉、ブロッコリー、アーティチョーク、ピーマン、色とりどり。細いニンジン、エシャロットの束、木箱に入った小型のばれいしょ。これがあの美味しいイモか。レモン、パセリ、小さな紙の函にフランボワーズ、マルベリー、アプリコットやプルーンは粗く編んだ籠に入っている。こんな季節に豊かな品揃えができるなんて、フランス領土の広さを思う。この市場がオープンする時間には、もっと種類も多く売台に山盛りだったろう。

その隣は牡蛎屋、籠に三種類ほど詰まっている。壁にはカニ、エビなどがパセリやレモンと取り合せて絵のようにディスプレイされている。が、よく見るともう乾いていて陶器の作りもののように見える。日本の繊細さはない。長い前かけのハンチングをかぶった男性がひたすら貝の殻を開けている。店頭では清潔には見えない。

その前の肉屋にはジビエ（野生の鳥獣）の季節なので皮をはがれたウサギがつるつるのむき身で重ねられ、カナールや小さな鳥が下がっている。鶏はわかる、大きいのは七面鳥かしら。大きな肉塊が板の上に載っている。うすく白い脂肪の膜が全体をおおって新鮮な感じがする。横に大きな庖丁が突き刺してあり、人間が一番怖いとふいに思ったりした。

右隣はアジア系料理の食堂。春巻や焼そば風の麺、フォーのような汁麺もあり、お客さんがひしめいている。テイクアウトもできるらしく、入口に五、六人が並んでいる。私もひと休みしたかったけれど、とても席は空いていなかった。

その右隣に惣菜屋。ケースの中にはテリーヌやサラダ各種、鶏一羽が丸々串ざしになって四、五羽つながってクルクル回っている。皮があめ色になってジュージュー肉汁がたれる。良いにおいがする。ポテトサラダが美味しそうだ。毎日クロワッサン一個と水ばかりの昼食なので思いきりこんなの食べてみたい。食堂に戻って席が空くのを待とうか。

急に雨が降ってきた。店の軒先は雨やどりにかけ込む人々で一杯になった。折りたたみ傘を開いてオデオンへ歩く。雨水が小さな流れになって、石畳は水びたしになり、足元を気にしながら地下鉄の入口に駆け込んだ。と、なんだか聞きなれたメロディが流れてくる。琴の音が、さくら、さくら、さくら……と。

つい誘われるように進んで行くと、地下道の端に絨毯をしいて低い椅子に腰かけた日本人の女性が演奏している。「さくらさくら」は「六段の調べ」に変わった。ついぼんやりとその手なれた演奏に聞き入ってしまった。彼女はちらと視線をなげて私のほうを見たが、それきり一心に琴に集中した。なつかしい音色は続く。立ち止っている若いアベックが「あれは日本のハープだ」と説明していた。

何だかコインを入れるのがはばかられてそっと立ち去った。地下道にひびく琴の音が追ってくる。入れたほうがよかったかな。考えすぎだったかな。

それよりも現実の問題として、雨にぬれたのでベルサイユから我慢していた「事態」がけわしくなった。地下鉄パレロワイヤル下車。ルーブル美術館のトイレに一直線。すっきりして、ルーブルの地下商店街を歩く。ここは日曜日も営業しているので便利である。最初に美術館に来たときは展示を見るのに夢中で商店街なぞ目に入らなかった。パリに来て何も土産を買っていない。どうにかしなければと見てまわる。どう見てまわってもお土産にこれを……というものがない。

カバン屋で娘に、変わったデザインのリュックとベーシックで丈夫そうなバッグを購入。値切った上にしっかり免税の手続きもしてもらう。ただし、品物はポンと大袋に放り込んだだけ。こんな大袋を下げて歩くなんて買いまくりの日本人と同じになってしまう。私にとっては充分に恥ずかしい。

外に出ると雨は上がっていた。ピラミッド駅のわきを上るとなにわ屋うどんへ直行。関西風のだしで小ネギの香りもたまらない。卵とじうどんを注文。三十五フラン。胃袋よろこぶ。急がないけど念のため用をすます。リヴォリ通りをウィンドウショッピングをしながら地下鉄でエトワールへ。遠まわりしてクレベール側からホテルへ帰った。

遅くうどんを食べたので今夜はトマトとクロワッサンのみ。熱い湯を満たして入浴。これが最後の泊まりになると思うと我が家を離れるように愛着が湧いてきて、ゆっくりすごそうと思う。スーツケースの整理や部屋の点検をする。

いつものように静かな夜である。

第七章　給食所のマッシュポテト、機上からの白いタイガ

1

最後の朝は四時十五分に起床。窓を開けてまだ明けやらぬ空に向かって、どうぞ雨になりませんように、と祈る。

クローゼット、バスルームに忘れものをしないように集めてスーツケースにパックする。ごみも分別してビニール袋に入れる。バスタブは熱湯を出してシャワーの勢いで洗う。

七時三十分、ダイニングでヨーグルト、生ハム、オレンジ、クロワッサン、カフェオレ。ゆっくりたくさん食べおさめする。

鍵をかけて、すっかり重くなったスーツケースをフロントに預けた。宿泊はクーポン券なので支払いはなし。ルームキーを返す。八時四十分にホテルを出て、地下鉄でサンジェルマンへ。今日は月曜日なのでたいがいの店は開いているけれど、中には日、月連休するらしくシャッターの下りたままの店もある。パン屋、惣菜屋は朝早くから忙しそう。きのう迷ったあたりをもう一度なぞって田舎パンのポワラーヌを捜す。路地を歩いて楽しむのもこの日が最後、と思うとなおうれしい。

　フランが心もとないので、目についた両替店に入る。一万円が五百二フランにしかならないが、もうどうでもいいと思ってしまった。

　ようやくポワラーヌに着いた。左側は食堂になっていて早くもお客さんがいっぱい入っている。パン屋には香ばしいにおいが立ち込めている。大きなものは直径五十センチくらいあり、三十センチくらいのをひとつ買う。パンドカンパーニュは日本にも空輸して売られているが、こちらはやたら高価で手が出ない。マダムが何か説明しながらクッキーを口にくわえさせてくれたが、バターも甘味もたっぷりで私にはこれが大敵である。朝晩インスリンを打つ身なので遠慮させていただく。その代わり、東京まで今夜持ち帰ると言ったら、ていねいに包装してくれた。えらい思いをしてかかえて帰ることになった。近いのに、あんなに憧れていたのに、リュクサンブール公園に足が向かない。

チャンピオンという小さなスーパーマーケットで買い物をする。アンチョビーペースト、食卓塩、紅茶、クノールスープ、フィグバー、セルリアックのサラダ等、他にもほしいものは目につくけれど、ここに住んでいるわけではないのであきらめる。予備の手さげ袋がふくらんでしまった。

十一時三十分になった。さて、行こうか。地下鉄を乗り継ぎ、コンコルド駅へ。地上へ出ると、「寺院」はすぐそこに見えている。楽しみにとっておいたのだから、いざ行かん、と元気が出る。正面右側に屋根つき屋台というか長屋が並んでいる。花市場らしいが、この時間には誰もいないし花もない。寺院のフェンスに沿って裏へまわり、また左側にまわると、壁の中ほどに小さな扉があり、大きい植木鉢が入口の両側に置いてある。ちょうど扉の中から男性が出てきて、まぶしそうに額に手をかざして歩いてきた。

近づくとFOYER（フォワイエ）と小さな表示がある。ここに違いない。十一時五十分だから少々早いかなと思ったが、扉を押した。

中は暗い。陽ざしの明るい外は、先程の人が手をかざすほどまぶしいのだ。入口のすぐ左側にジュースや水、ビールがケースに入って置いてある。フロントらしい机の向こうの小太りの女性がちらと目を上げた。手元が何やら忙しそうだ。「アン」と人さし指を上げるとうなずいてチケットを渡してくれた。四十二フラン。

入ったところから左右にトンネルが続いている。天井が低いせいか室内がせまく感じられるが奥行きはかなり深そうだ。壁が明るいベージュなので助かる。二人がけの席と五、六人用の席が並んであり、卓上にはピッチャーに満杯の水、可愛いチェックのテーブル掛けにナイフ、フォーク、スプーンがセットされている。籠いっぱいに盛られたバゲットが三センチの輪切りにしてある。すでに白い小皿に前菜も用意されている。ビーツのサイコロ風とキャロットの細切りが天盛りしてあり、もう一方はキャベツとニンジンと白いイカ（?）のようなものがソテーされている。どちらかを選ぶらしい。

ホール内のひとり客は作業服、スーツ、セーターと自由、大きなテーブルでは社の同僚という感じの人たちが七人くらいで話し込んでいる。後から続々と客が入ってくる。ウェイトレスは、色あざやかなきれいなブラウス姿や、金色のボタンをあしらった真っ赤なスーツ、ネックレスも時計も指輪も金。肌白く金髪、中年の落ちついた婦人たちがお客をさばいていて時には知り合いとおしゃべりしている。

先ほどチケットを預けた女性が来て何やら説明をはじめたが、単語がちらちらわかるだけで返事ができないでいると、両手を広げて肩をすくめて行ってしまった。オリーブオイルとバルサミコ酢味のビーツを楽しんでいると、大皿に鶏肉のソテーともう一皿黒いソーセージが両手に乗って現れた。あ、ブーダンだ！　迷わず黒いソーセージを指さすと、目と目でにっこり。定食のメインも二種なのだ。

豚の血と脂でできている。本当はこんな料理食べてはいけない。血糖値がはね上がるだろう。間もなく届いた皿はなんと半分以上マッシュポテト。てんこ盛りだ。湯気をあげてブーダンがより添っている。ナイフとフォークをとるのももどかしいほどに急いでポテトに取りかかる。バターとクリームのきいたなめらかでとろりと甘いマッシュポテトを口に入れると、顎の奥がキューンときて唾がわくのがわかる。なんでこんなにポテトが美味しいのか。小さなコショウの粒が舌にさわった。ていねいに噛むといい香りがしてもうたまらない。さてブーダンに取りかかる。熱いでもなくあたためたというくらい。ナイフでするりと切れた。くさみなんて微塵もなく、動物性の香りはあるがハーブがかすかに香る。主治医のK先生の顔がちらちらする。でも「死んじゃってもいいや」とも思ったり。

マッシュポテトに挑戦しつづけるが皿の半分山盛りだから、さすがの私も三分の一を残してフォークを置いた。最後のデザートはチョコレートムースかフルーツかということでフルーツにする。ガラス皿にオレンジが一個載せられてきた。レストランじゃないから、こんなものか、とゆっくりナイフで皮をむく。ナイフの当たったところから小さなしぶきがとんでパッと霧が立つ。オレンジの香りがひろがる。若い男性が器用にナイフを使ってくるくるとオレンジをむいている。チョコレートムースをとった人を見るとプラスチックの容器に入った市販品で、笑ってしまった。それにしても皆よくしゃべる。手振り身振りが入るからにぎやかなこと。紙ナフキンにカラフの水を含ませて指を拭く。バゲットは二切ほど食べたかしら。とにかくお腹いっぱいで満足した。

この食堂は教会の給食所なのだ。ウェイトレスは信者の奥様方のボランティアで運営されている。上質の服に金や真珠や宝石だらけのアクセサリーも納得。白髪のかなり年配の婦人もいらして、足元がおぼつかない。ナフキンを取り替えたりカトラリーを揃えたり、軽い作業に携っている。上品で華やかな、そして細かな心遣いが感じられる。他にもスープ・ド・クール（愛のスープ）という給食所があるらしい。日本の宗教界はどんな具合なのだろう。歴史のある、宗教なくして考えられない国々も最近は日本同様宗教ばなれが見られるらしい。

例のようにすませておくことがある。尋ねて行ったら、トイレの右天井の三分の一が上の歩道に向かって開いているのだ。「えー」と思ったがどうやら外からは見えない造りらしく、のぞく人もまずいないだろう。それにしても落ちつかない。

夕方は風呂で自分で足をもみほぐして、倒れるように寝てしまう毎日。殿方にエスコートされて、ましなところでディナーなんぞは夢のまた夢。今日最後の目的地、フォワイエに来られてよかった。食事を終えて外に出ると、明るい陽ざしに思わず目をとじた。さきほど出てきた男性が額に手をかざして目を細めたのがうなずける。

2

フランが心もとないので両替屋のレートを見くらべながら歩く。マドレーヌ寺院の裏にあるフォション、エディアールなどの食品店のウィンドウショッピングをする。フォションのサロン・ド・テに入りたかったが、カジュアルな格好で入るのははばかられるのであきらめる。有名店を横目に確認しながらカプシーヌ大通りを歩くとオペラ駅に出た。

オペラ駅から地下鉄を乗り継ぎ、フランクリン・デ・ルーズベルトで下車。昼間の明るいシャンゼリゼを歩くのははじめてだ。地下鉄に乗れなくて毎朝、暗いうちにエトワールからコンコルドまで四十分、冷えこんだ石畳をせっせと歩いた。一、二軒は朝ごはんのカフェが開いていたが、ほとんどシャッターがおりて静かだった。今観光客が通りにあふれカフェは満席。ナイトクラブのファサードを見上げて「へぇ！　これがあの……」と、赤ゲットぶり。

郵便局を見つけた。オペラ駅近くで見つけられなかったので、ここでハガキを投函する。近くで両替もすませた。フランソワ一世通りのチョコレート専門店に寄ると、日本人の店員さんがいて助かる。念のため「免税は?」と尋ねたら「食品に免税はございません」と言われた。知らないことはいいながら私、しっかりおばさんしている。一休みして行こうかと思ったけれど、後のことを考えてやめた。でもトイレは借りた。

シャンゼリゼに戻ってゆっくり見おさめ歩きをする。空は青く、白い凱旋門の中心に三色旗が飾られ風にはためいている。二〇〇〇年に向けた祝いごと恒例のディスプレイだろう。ホテル近くの毎日お世話になった惣菜屋さんに寄ってリーキのドレッシング漬けを買う。「これから東京に持って帰る」と言ったら容器を三重にしてビニール袋に入れてそれはもう丁寧に包んで下さった。両手を広げて肩をあげて何やら大声で話してから握手。気のいい一家だった。主人は「さよなら」と日本語、私は「メルシー　ボクゥ」で別れた。

フロントでスーツケースを受け取り、居合わせたオーナーと固い握手。まあありがとうきたりの別れの挨拶をしてホテルにさようなら。ありがとう私の部屋。

凱旋門への坂道の石畳を、スーツケースとパンの入ったトートバッグを肩にして下る。出発は夜中の十一時すぎだからゆっくり歩くが、急げといっても無理。アスファルトじゃないのでグラグラ左右にゆれて重いのと大きいのとでエトワール広場まで汗をかく。

ちょうど空港からリムジンバスが着いたところで日本の若いカップルがスーツケースを前にしてまわりを見渡してため息をついている。「今からこの人たちのパリがはじまるんだな、どうぞ楽しんで下さいね」と心の中で声をかけた。

陽が傾いてきた。バスの中からサクレクール寺院が赤く映えて見える。感激して見つめた最初の風景と帰り際の風景は、パリ市内を歩いたことでとても違って親しく見えた。

新しいサテライトF2では奥の免税事務所で手続き、ピンクの用紙を封筒に入れてポストに投函する。まだ時間はたっぷりある。荷物は三個になっていたのでカートを使う。念のためトイレに押して行く。行ったが困った。これ全部個室に入るのか？　やはりドアの外に置いてとはいかないだろう。ドアを開けて右足で固定するがなにしろ短足だからカートを左右に細かく動かして室内に押し込む。一番広い個室を選んだつもりだけれどいっぱいにかさばってドアがなかなか閉まらない。無理にドアを閉めたが今度はカートがかさばって用を足すスペースがない。その後いかにして目的を果したか。ついでに注射もすませたのだ。三十分後には食事をとらねばならない。

カートを押しながら夕食のための物色をする。マキシムが開店したばかりらしい。カウンター席ばかりで気軽に入れそうだけれど、メニューはどうしてもカロリーオーバーになりそう。搭乗後、食事が出るかも知れず、マキシムに入るチャンスだけれどあきらめる。隣のスナックで、キッシュロレーヌ、サラダ、コーヒーですませる。パリ最後の食事なのに残念でしかたがない。

出国手続きをすませて身軽になったので、残りの一フランで免税店めぐりをする。わずかなコインで木のサイコロを二個買う。数サンチーム残り。両替しすぎなくてよかった。

搭乗すると、心は半分東京の自宅。

成田経由ニューカレドニア行きなので家族連れが多く、泣きわめく赤ん坊や、かけまわる小さな男の子、わきに子供をかかえて大声で怒鳴るお母さんがいた。こんな情景ははじめてお目にかかる。スチュワーデスと何やら大声で交渉している。席を替えてほしいらしい。

私は眠くてそんな大さわぎも耳に遠くなった。夜中〇時少しすぎたところで夕食？　いくら何でものどを通らず。足を伸ばして寝入ったみたい。二時間ほどすぎるとさすがに機内も静かになった。

3

小さな声でぐずっている子供の声で目が覚めた。また四時間ぐらい眠ったらしい。そうっと立って最後尾の窓のシャッターをじわじわ上げると、なんと外はまばゆい青空が広がって太陽がさんさんと降り注いでいる。機内ではまだ皆が眠っている。

暗くて時差を忘れていた。

窓のガラスに霜がついている。見下ろして思わず声が出そうになった。手で口を押えて目を凝らした。シベリア大陸が白い布でおおったように広がっている。空からでなければ見られないタイガをおおう雪と氷の延々と続く信じられない現実を、生まれてはじめて見る感激に声も出ない。この旅で一番の最高の感動だった。こんな凍った大地に降りたならもちろん命はないだろう。人間なんて地球の一部でだってこんなに小さい。宇宙ではなおさらのこと。よく見ると河がうねっている。これも白いけれど、何という河かと思う。もう私の浅い知識ではとてもこの白い大陸に入ってゆけない。機内は暗いので窓を大きく開けるわけにはいかないのでシャッターを三分の一ぐらいあけて見下ろしている。それでも太陽がさえぎるものなくチリチリと差し込む。ふと気配でふり向くと金髪の青年がポケットに手を入れてニカッと笑っている。タッチ交替で場所をゆずると、ひとつうなずいて窓に額をくっつけて動かない。

もう一度見たかったがおそらく日本の近くまで続いているだろうからとあきらめ

かった。ウラジオストックでもう一度見下ろしたら雲にさえぎられて見ることはできなかった。

カミソリのような冷気と白い雪と氷の平原は脳裏に焼きついて忘れられない。

朝食前のインスリンは日本人スチュワーデスに相談しておいたので最後尾のスタッフ専用控室を使わせてもらった。蚕棚のような仮眠ベッド、垂直の小さな階段、あまり普通ではお目にかかれない裏部屋だ。

成田にはすっかり日が暮れて誘導灯の中を着陸した。空港に娘が迎えに来てくれた。日本語で話せるよ、とうれしくなった。身体は疲れているのに心は軽く、自宅に着くまでしゃべりっ放し。

なんのトラブルもなく旅を終えたのに、ひとつだけ失敗があった。キーが見当たらず、スーツケースが開けられないのだ。お土産もインスリンも取り出せない。サラダも出せない。

翌日どしゃ降りの雨の中、スーツケースのメーカーまで予備キーを買いに行った。

ホテルのベッドカバーの色とキーにつけたリボンの色が似ていて、サブキーをスーツケースに入れた後、カバーの上においたまま忘れてしまったのだった。

あとがき

パリの街のさまざまな贅沢を脳裏に焼きつけ、事故もなく無事に帰りました。出かける前に写真やガイドブックを読んだり、テレビで見ながら想像していたよりも、「私のパリ」としてずっと身近になりました。

今でもバス停の三つ、四つを過ぎてあの角を曲がったら、そこに降り立てるような気がします。

薄汚れた石造りの街、見事な彫像がどこででも見ることができる楽しさ、裏通りのアパートの門の中には、どんな暮らしがあるのだろう。農業国フランスの豊かな食材。さまざまな人種が暮らしているので、恐らく生粋のパリ人にはあえなかったのではないかと思います。江戸っ子がそうであるように。

言葉ができたらもっと何倍も楽しめたことでしょう。

年齢を増すごとに自分の我儘がますます強くなり、妥協できにくくなり、人間が丸くなるどころか、自分の中で頑固になってゆくのを認めないわけにはいきません。表向きは物わかりよくさらりとかわす知恵は相応にありますが、内心決して快く譲ることはできないようです。心弾む旅も、こんなことからグループの人に不愉快な思いをさせたり、迷惑をかけたりしたくない、ひとりで歩くのが一番いいと思っています。もちろんひとりゆえの苦労も、ふと感じる寂しさもありますが、自由にできる喜びのほうが数倍もあります。

あるときは思い切りよく、あるときは慎重に、自分をコントロールしながら、はじめての出合いの数々に一喜一憂する楽しさに替わるものはありません。心が駆けていきたいというのです。

でも健康状態が足を引っ張ることもあります。だから一年でもひと月でも早く丈夫なうちに憧れの土地に思い出をたくさん作りたいのです。私の場合は費用も暇も思い通りにはいきませんが、それが整うのを待っていたら先がありません。何かを後回しにしてでも自分のために楽しみたいのです。もうそれが許される年齢になったのではないか、と思うわけです。

こんな人生なら二度と繰り返したくないと思うことも年相応にありましたが、楽しかったことやうれしかったこともあったわけですから、今からは楽しい思い出を多く持ちたいのです。

テレビや写真で同じ風景を見ると、なんと身近に鮮やかにそのときの風やにおいや味や、果ては体調までも思い出されて、豊かな気持ちになってしまいます。

まだまだどこかに出かけるつもりです。次の旅のために貯金箱がずしりと重くなるように祈り、青空を吹き渡る風に目を細めてしまう私です。

この三年後、再びひとりでパリを訪れました。あまりに心残りが多かったからです。

歩行者専用のソルフェリーノ橋はピカピカの最新の橋で、木道が足にやさしい橋でした。マドレーヌ寺院のホワイエはなくなっていました。

カナルクルーズで見落とした北ホテルに行き、その近くを心おきなく歩きました。

また、北駅から特急タリスに乗って、一泊二日でベルギーのブリュッセルに行き、ぐるぐる歩きました。そこでもやはりいろいろありまして、今も思い出し笑いをしています。

著者プロフィール
林 ふきこ（はやし ふきこ）
本名　今林扶希子
1939年、福岡県生まれ　東京在住
グラフィック・ディスプレイ、店舗設計等を業務とする
発病後、すべてをやめ、現在に至る
1999年10月、還暦を迎えたのを機にパリをひとり旅
その体験をまとめたのが本書である
カバーおよび本文のイラストは本人自筆

ミセス還暦のひとり旅 はじめてのパリ八日間

2004年 9 月15日　初版第 1 刷発行

著　者　林 ふきこ
発行者　瓜谷 綱延
発行所　株式会社文芸社
〒160-0022 東京都新宿区新宿1－10－1
電話 03-5369-3060（編集）
03-5369-2299（販売）

印刷所　株式会社平河工業社

ISBN4-8355-7881-3 C0095